LA CHATELLENIE
SUZERAINE
D'OISSERY

SON TERRIER — SES COUTUMES — SON HISTOIRE

D'APRÈS

LES ARCHIVES DE LA COMMUNE D'OISSERY
DU DÉPARTEMENT DE SEINE-ET-MARNE ET LES AUTRES SOURCES
HISTORIQUES

PAR

FERNAND LABOUR

JUGE AU TRIBUNAL DE LA SEINE
MEMBRE DU CONSEIL GÉNÉRAL DE SEINE-ET-MARNE
ET DE LA SOCIÉTÉ ARCHÉOLOGIQUE
CHEVALIER DE LA LÉGION D'HONNEUR, DE SAINT-GRÉGOIRE LE GRAND, ETC.

Nec omnia apud priores meliora.
(TACITE, *Annales*, III, 55.)

DESSINS PAR LÉON MARTIN

DAMMARTIN
LEMARIÉ, LIBRAIRE-ÉDITEUR

—

1876

LA CHATELLENIE

SUZERAINE

D'OISSERY

F. AUREAU. — IMPRIMERIE DE LAGNY.

CHATEAU
DU PLESSIS
PONT-CHARTRAIN

Louis Marlin del.   Léon Sault Sculp.

INTRODUCTION

C'est à peine si le nom d'Oissery éveille encore quelques souvenirs. Les vieillards de nos contrées n'ont peut-être pas tout à fait oublié les récits de leurs pères, mais les jeunes gens ignorent un passé qui fut quelquefois glorieux et qui se rattache souvent aux grands actes de la nation française.

C'est la tradition perdue que j'ai essayé de renouer. Enfant du pays, j'ai ressenti pour lui une passion profonde. Cette passion, je n'espère pas la faire partager; mais on me rendra ce témoignage que mon étude de la châtellenie d'Oissery est consciencieuse. Personne avant moi ne l'avait tentée, et je me crois en mesure d'affirmer qu'il restera peu de choses à explorer après moi.

C'est à l'aide de nombreux matériaux, six volumes in-folio manuscrits, dont quelques-uns ont plus de 1,400 pages, que j'ai rédigé le présent travail. Cette tâche, longue et laborieuse, jusqu'à en devenir parfois pénible, ne m'en a pas moins été le plus souvent agréable. Elle a, pendant plusieurs années, rempli les loisirs de mes vacances du palais. En m'y consacrant, j'ai encore essayé de renouer une autre tradition également près de disparaître, celle de nos anciens du Parlement et du Châtelet, qui ne dédaignaient pas d'employer le temps passé dans leurs « maisons des champs » à quelque étude d'histoire ou de jurisprudence.

De parti pris, je n'en ai eu aucun. Mon œuvre est modeste, mais elle est sincère. Je n'ai pas repoussé les questions générales quand elles se présentaient d'elles-mêmes ; mais j'ai surtout essayé de jeter un peu de lumière sur ce petit coin de terre où ont vécu mes ancêtres et où j'espère que mes enfants vivront.

FERNAND LABOUR.

Saint-Pathus, juin 1876.

CHAPITRE Ier

MADAME LA COMTESSE DE PONTCHARTRAIN
LE PLESSIS-PONTCHARTRAIN

L'an mil sept cent quarante-cinq avant midi, très-haute et très-puissante dame, madame Hélène-Angélique-Rosalie de l'Aubespine de Verderonne (1), épouse de très-haut et très-puissant seigneur (2) monseigneur Jérôme Phélypeaux, comte de Pontchartrain, de Maurepas, de Palüau et de Nervieux, baron de l'Isle de Rye, seigneur de Froifond, château Saint-Amand et autres terres et seigneuries, commandeur des Ordres du Roy, se trouvant dans son château du Plessis-Pontchartrain, en la province

(1) Hélène-Angélique-Rosalie de l'Aubespine de Verderonne était fille d'Etienne-Claude de l'Aubespine, marquis de Verderonne, guidon des gendarmes de la reine, tué à Fleurus le 1er juillet 1690. La famille de l'Aubespine était riche, mais peu ancienne. Le premier auteur connu de cette famille, d'après le Père Anselme, est un trésorier des parties casuelles qui vivait sous Henri IV. Le marquis de Châteauneuf, garde des sceaux de France sous Louis XIII, qui présida en 1630, au procès du maréchal de Marillac, appartenait à cette maison qui compte d'ailleurs de grandes alliances.

. (2) C'est ici l'occasion de remarquer la curieuse hiérarchie des qualifications employées par les tabellions, suivant l'importance des personnages. Cette hiérarchie commençait par haut et puissant seigneur, descendait de là à noble homme, puis à honnête homme simplement, et enfin supprimait toute espèce de titre pour les vilains.

d'Isle de France, donnait procuration à Mᵉ Nicolas-Antoine Chéron, notaire royal au bailliage de Meaux et tabellion du bailliage et châtellenie suzeraine d'Oissery, de pour elle et en son nom recevoir et accepter les déclarations et reconnaissances des feudataires et censitaires de la seigneurie suzeraine d'Oissery et des seigneuries de Saint-Pathus, Noëfort, Forfry, la Ramée, Silly et fiefs nombreux s'y rattachant. La dite dame, comtesse de Pontchartrain, étant de son chef dame suzeraine et haute justicière desdits lieux.

La fortune personnelle de madame de Pontchartrain était considérable. Elle avait épousé, le 11 juillet 1713, Jérôme Phélypeaux, fils du chancelier de Pontchartrain, et veuf, en premières noces, de Christine de Roye de Larochefoucauld.

La famille Phélypeaux était une très-ancienne famille de haute bourgeoisie pourvue des charges les plus importantes de l'État. Elle avait eu l'honneur de fournir un chancelier de France, dix secrétaires d'Etat, six officiers commandeurs des Ordres du roi, plusieurs archevêques et évêques, des ambassadeurs et des lieutenants-généraux des armées du roi.

Jérôme Phélypeaux, comte de Pontchartrain, était lui-même depuis quatorze ans secrétaire d'Etat au département de la marine. Il avait succédé dans ces fonctions à son père.

Le chancelier vivait au moment du second mariage de son fils ; mais retiré à Pontchartrain où
il devait mourir quelques années après en 1727, à
l'âge de quatre-vingt-cinq ans. Le chancelier de
Pontchartrain était encore plus considérable par
ses vertus et ses talents que par la charge dont il était
revêtu (1). C'est à lui que la France doit d'avoir évité
la famine en 1692, après la perte de la bataille de La
Hogue. Il fit venir des blés de toutes parts et soulagea
ainsi la misère du peuple. Grâce à l'économie qu'il
introduisit dans son administration, il diminua consi-
dérablement la dette énorme de la France.

Si Jérôme Phélypeaux hérita des talents de son
père, il ne sut pas mettre dans ses propres affaires la
sage économie que le chancelier avait introduite dans
celles de l'Etat. En effet, madame de Pontchartrain
fut obligée de recourir à la séparation de biens pour
sauver sa fortune compromise par les énormes dépenses de son mari.

Le château du Plessis, qu'habitait alors madame la
comtesse de Pontchartrain, était un des plus beaux

---

(1) La grande situation du chancelier de Pontchartrain n'em-
pêchait pas de s'amuser sur son compte. Voici à quoi rimait, dans
ce temps-là, le nom de Pontchartrain :

« C'est un pont de planches pourries,
« Un char traîné par les furies
« Dont le diable emporte le train.

de la contrée. Voici la description qu'en donne M. Offroy, l'historien du canton de Dammartin.

« Ce château, un des plus magnifiques du pays,
« avait été commencé en 1610 et terminé en 1616, par
« M. Guénégaud, trésorier de la reine Marie de Mé-
« dicis, sur les dessins du célèbre Mansard ; il était
« placé au centre du pays et sur le bord de la route
« de Paris à Soissons ; il présentait, comme celui des
« Tuileries, une longue façade percée de deux rangs
« de fenêtres, composée de deux pavillons à ses ex-
« trémités, un dôme au milieu, liés entre eux par
« deux corps de bâtiments. Devant, s'ouvrait une vaste
« cour d'honneur, fermée par une grille aboutissant
« à deux petits pavillons et défendue par un large
« fossé en pierre ; derrière, s'étendait un magnifique
« parc de soixante-dix hectares. On y remarquait des
« arbres prodigieux, un petit lac, des bassins d'eau
« vive et jaillissante, une orangerie, des serres, des
« parterres, des bocages, des pelouses verdoyantes
« peuplées de statues, des jardins heureusement des-
« sinés, de longues allées bordées de fleurs, couvertes
« d'ombrages ; Flore et Pomone, Palès et Bacchus
« s'y personnifiaient sous les plus beaux marbres.

« Le fameux Lebrun en avait peint les lambris et
« les plafonds. Le salon de musique, dallé de car-
« reaux de marbre noir et blanc, avait du sol à la
« voûte trente-cinq pieds de hauteur ; il formait un

« carré de cinquante pieds de long sur trente de lar-
« geur ; les trumeaux étaient couvert de glaces ; les
« frises, les corniches, les panneaux étaient dorés ; le
« plafond en coupole était orné de peintures à fres-
« que encadrées dans des cartouches et représentant
« Apollon et les neuf muses avec leurs divers attri-
« buts, Orphée, Amphion, etc. Des statues de gran-
« deur naturelle figuraient dans leur niche, les prin-
« cipales divinités mythologiques ; on y reconnaissait
« Cybèle couronnée de ses tours, Diane de son crois-
« sant, Junon avec son paon, Minerve avec son hi-
« bou, etc. ; on y voyait aussi des statues d'anciens
« orateurs et philosophes, tenant en main des feuilles
« de papyrus à demi déroulées : c'étaient Démos-
« thènes et Platon, Aristote, Cicéron, Sénèque, etc.

« Le salon d'Hercule représentait les douze travaux
« de ce demi-dieu et la chute de Phaéton. Le combat
« de l'Hydre de Lerne fixait l'attention des connais-
« seurs.

« Dans le salon doré, le peintre avait mis en scène
« les galanteries du maître des dieux. On y voyait les
« jeux, les amours, les grâces, les ris sous de char-
« mants emblèmes ; et puis, c'étaient Jupiter et Sé-
« mélé, Léda et son cygne, Europe et son taureau,
« Danaé et sa pluie d'or, Ganymède et son aigle ;
« c'étaient encore le dieux de l'Olympe, surprenant
« Mars et Vénus dans le filet de Vulcain ; c'était

« Junon disputant à Vénus le prix de la beauté de-
« vant le berger Pâris. Ces tableaux ornaient une
« voûte et des trumeaux resplendissants d'or.

   « Le grand escalier, sur lequel on pouvait monter
« à dix de front, les vestibules, les paliers, les corri-
« dors étaient ornés aussi de statues et de tableaux
« remarquables. Les autres appartements présen-
« taient en meubles, en tapisseries, en marbre, en
« orfévrerie, en ébénisterie, en médaillons, en décors,
« en sculpture, des chefs-d'œuvre de tout genre. »

Les splendeurs de cette habitation princière et les
charges énormes qu'elle entraînait, expliquent la nécessité où se trouvait la comtesse de Pontchartrain de
se rendre un compte exact de sa fortune en faisant
dresser, par son procureur fiscal, « le terrier féodal
« et censuel de la châtellenie suzeraine, terre et sei-
« gneurie d'Oissery et ses dépendances en domaine,
« fiefs, arrière-fiefs, mouvans de son chastel du dit
« Oissery. »

D'ailleurs, les prodigalités du comte de Pontchartrain lui en faisaient un impérieux devoir. Il
semble que tous les membres de cette vieille et
illustre famille Phélypeaux se fussent donné le mot
pour se ruiner. Les dettes de cette maison s'élevaient
à plus de onze millions de l'époque. Chaque membre
de la famille avait contribué à former cet énorme
passif Le duc de la Vrillière, le comte de Maurepas,

l'archevêque de Bourges, le marquis d'Herbaut menaient une existence qui ne le cédait en rien à celle du chef de leur maison, le comte de Pontchartrain.

Heureusement, au milieu de cet entraînement général qui poussait les Phélypeaux à une dépense excessive, les femmes semblaient avoir conservé un peu de bon sens. Madame la comtesse de Maurepas et madame la comtesse de Pontchartrain, essayaient de remettre de l'ordre dans les fortunes dilapidées de leurs maris. Entreprise difficile, si l'on songe que madame de Maurepas avait cent treize domestiques à entretenir à Pontchartrain où elle habita quarante ans, pendant toute la durée de l'exil de son mari, le futur ministre du roi Louis XVI, et que madame de Pontchartrain en avait à peu près autant à son service au Plessis-Pontchartrain.

Toutes deux étaient fort contrariées des embarras de cette situation. Madame de Maurepas, qui était elle-même une Phélypeaux et sœur du duc de la Vrillière, s'en montrait fort effrayée; son caractère s'en ressentait et à ceux qui s'en plaignaient, elle disait dans son langage du temps de la Régence, qui affectait la vulgarité :

« Quéque vous voudriez que j'aurais pris l'habi-
« tude de faire à Pontchartrain, quarante années du-
« rant par lettres d' cachet, sinon de m'en r'chigner,
« d' grogner tout le monde et d' ménager pour payer

« nos dettes avec celles de M. de Pontchartrain, qui
« fait l' Salomon, de M. de la Vrillière, que Dieu con-
« fonde !... et puis celles de l'archevêque de Bourges,
« qui fait r'bâtir des châteaux pour son imbécile de
« frère ; et jusqu'à M. le marquis de Phélypeaux, qui
« se trouvait avoir des dettes. C'est que j'en ai payé
« pour onze millions, si vous plaît, tout en lési-
« nant. »

· C'est pour obéir à ces mêmes sentiments d'économie
que Madame de Pontchartrain fit dresser avec un soin
incomparable le magnifique terrier que possèdent les
archives communales d'Oissery. L'analyse de ces
énormes documents, qui ne contiennent pas moins de
six volumes in-folio manuscrits de 1400 pages chacun,
forme en quelque sorte le résumé de l'histoire de
cette belle châtellenie d'Oissery, dont les seigneurs
furent, au moyen âge, grands officiers de la couronne et amis des rois Louis le Gros, Philippe-Auguste et saint Louis.

C'est une page d'histoire locale ; c'est un dernier
et curieux vestige d'une époque à jamais disparue.

PIÈCES JUSTIFICATIVES

LE PÈRE ANSELME. — *Histoire généalogique et chrono-logique de la maison de France et des grands officiers de la couronne.*

VICTOR OFFROY. — *Le Prince de Conti au Plessis-Belleville.*

CHAPITRE II

LE CHATEL D'OISSERY EN 1247 ET EN 1745
SON HISTOIRE, SON DOMAINE DIRECT

Le château d'Oissery (castellum Oisseriaci, château
du pays des oseraies) est fort ancien. Il existait déjà
en 1170. C'était la demeure du chef de la puissante
maison des Barres, dont l'illustration fut grande au
moyen âge et qui compte parmi ses membres un
grand sénéchal du roi et des maréchaux de France.
C'était une châtellenie suzeraine relevant directement
du roi de France. Le sceau de Guillaume III des
Barres, qui se trouve aux Archives nationales, nous
donne une représentation, que l'on peut croire exacte,
du château d'Oissery en 1247 : « Au milieu d'une
« double enceinte crénelée, s'élèvent trois tours per-
« cées de baies à meneaux élancés. Le donjon est
« protégé de mâchicoulis ; un effet de perspective
« montre à vol d'oiseau le chemin de ronde et tout le
« pourtour de son couronnement crénelé. La haute
« porte d'entrée est accompagnée de deux portes de
« service pour les piétons. La finesse du modelé a
« rendu les contre-forts et jusqu'aux flèches du pont-
« levis. »

La description du château, que nous trouvons dans

« *Une Aventure au* xiiie *siècle* », offre de grandes ana-
logies. « Cette féodale demeure était située presqu'au
« milieu d'un immense étang, dont les eaux claires
« et profondes servaient autant à l'agrément qu'à la
« défense. Elle offrait à l'œil du voyageur une mas-
« sive construction de forme carrée, flanquée aux
« quatre angles de larges tours à mâchicoulis, reliées
« entre elles par une longue courtine crénelée, sur
« laquelle se détachaient, de distance en distance,
« d'autres tours plus petites et percées de meur-
« trières. Extérieur sombre et sévère, peu fait pour
« réjouir la vue, mais tout entier dans un but de dé-
« fense, que nécessitaient d'ailleurs les troubles en-
« core fréquents de l'époque. Au milieu de la partie
« sud du château s'élevait une tour carrée, en saillie
« sur les autres et escortée elle-même aux angles de
« quatre tours; C'était le donjon qui faisait commu-
« niquer avec l'extérieur par une porte ogive qui
« donnait sur un pont-levis assez étroit et presque
« toujours levé. »

L'illustre Guillaume II des Barres, seigneur d'Oissery, qualifié par Mezeray de grand sénéchal du roi
Philippe-Auguste et surnommé l'Achille de son temps,
était également seigneur de Saint-Pathus, Forfry,
Silly, Marchémoret, etc. Mais dans un aveu fourni
par lui en janvier 1214 à Thibaut comte de Champagne, il se reconnaît, pour lesdites seigneuries,

homme lige du comte de Champagne, après la li-
geance du comte de Dammartin. Le château-fort
d'Oissery seul, relevait directement de la grosse tour
du Louvre.

L'importance de ce fort-château ne saurait être
mise en doute un seul instant. Le rôle considérable
joué au moyen âge par la maison des Barres, dont
une rue de Paris en a gardé le nom, en serait une
preuve suffisante. Il en est d'autres plus concluantes
encore. En effet, en 1591, nous trouvons debout le
vieux manoir d'Oissery. Il est vrai qu'au lieu d'être
resté la résidence de seigneurs fidèles à leur roi et à
leur patrie, il est devenu un repaire de ligueurs.
Quatre-vingts hommes d'armes, tant de pied que de
cheval, sont abrités derrière ses vieilles et puissantes
murailles. Mais les paysans sont de bons Français.
Ennemis de la Ligue et de l'Espagnol, ils rendent la
vie dure à la garnison révoltée contre le roi Henri IV;
et par une belle matinée de printemps, le 28 avril
1591, celle-ci décampe et se retire à Meaux. Elle y
fut, paraît-il, mal accueillie; on lui reprocha sa lâ-
cheté et on lui enleva ses armes. Mais le pays d'Oissery était joyeux; et personne ne se plaignit de la
couardise des soldats ligueurs.

L'année suivante, au mois de juillet 1592, les ligueurs qui étaient toujours maîtres de la ville de
Meaux, firent une tentative pour reprendre le châ-

teau d'Oissery. L'attaque échoua complétement. Les garnisons royalistes de Senlis, de Dammartin et de Crépy opérèrent une sortie ; elles rencontrèrent les troupes de la Ligue dans les environs de Puisieux et les mirent en déroute. Un an juste après cette défaite, Henri de Bourbon se faisait catholique, et cette fois c'est la France entière qui acclamait Henri IV.

La seigneurie d'Oissery était à cette époque possédée par les d'Estouteville, qui la tenaient eux-mêmes des barons d'Ivry, héritiers par les femmes de Jehan des Barres, dernier seigneur d'Oissery appartenant à cette maison.

Comme noblesse, comme antiquité, comme illustration, la maison d'Estouteville ne le cédait en rien à la maison des Barres, avec laquelle elle avait eu de nombreuses alliances (1).

De la maison d'Estouteville, la châtellenie d'Oissery passa dans la maison d'Alègre, par le mariage de Marie d'Estouteville avec Gabriel, baron d'Alègre, chambellan du roi et prévost de Paris.

Enfin, au xviii° siècle, c'est madame la comtesse de Pontchartrain qui est dame suzeraine d'Oissery. Nous voyons que le châtel d'Oissery existe encore et qu'il relève toujours directement du roi de France. Il est vrai qu'il est ruiné, qu'il est à moitié démoli. Depuis long-

(1) On trouve en 1464 une Jeanne d'Estouteville, épouse de Jacques des Barres.

temps les seigneurs d'Oissery l'ont abandonné pour la résidence plus belle, plus commode, plus spacieuse du Plessis; mais, tout ruiné qu'il est, c'est encore dans ses murs écroulés que l'on rend la justice, c'est de lui que relèvent les seigneuries d'alentour et un nombre considérable de fiefs et arrière-fiefs. Voici la description qui en est faite au quatrième volume du terrier : « Le châtel d'Oissery consiste en un vieux châ- « teau presque entièrement desmoly et où il ne reste « guère plus que les murailles de closture et une « grosse tour. Au rez-de-chaussée de cette grosse « tour est une forte prison et au-dessous une autre « prison en forme de basse fosse voûtée. Au-dessus « de la prison du rez-de-chaussez se trouve encore « une autre prison, et au-dessus de celle-ci, l'audi- « toire de la jurisdiction du baillage et châtellenye « d'Oissery ensemble de la grurye dudit lieu, aux- « quelles ont été réunis les baillage et châtellenye de « Silly et prevosté du Plessis-Pontchartrain par lettres « patentes de sa majesté le roy régnant, données au « camp devant Tournay au mois de mai mil sept cent « quarante-cinq. Au-dessus dudit auditoire est un co- « lombier. Près ladite grosse tour et y attenant se « trouve une chapelle fondée anciennement par Jean « des Barres seigneur d'Oissery, par une chartre du « mois de mars mil deux cent soixante-douze, sous « l'invocation de la très-sainte Vierge Marie et nom-

« mée la chapelle Notre-Dame-des-Barres (1). Cette
« chapelle a été nouvellement rétablie et pourvue
« d'ornements par madame la comtesse de Pontchar-
« chartrain, rebénie par messire Jean-Martin Pol,
« prêtre, curé et chanoine d'Oissery, député et commis
« à cet effet par Monseigneur Antoine-René de la
« Roche de Fontenille, évêque de Meaux, le vingt
« juillet de l'année présente mil sept cent cinquante-
« deux. »

Trois prisons et une chapelle, voilà donc tout ce
qui restait au milieu du siècle dernier de l'antique
manoir des sires des Barres.

Quant à l'hôtel que ces puissants seigneurs habi-
taient à Paris, il était déjà détruit depuis longtemps.
« C'était, dit Sauval dans ses *Antiquités de Paris*, un
« fort grand logis situé au coin de la rue de la Mor-
« tellerie et de celle qui depuis leur a emprunté son
« nom. Il prit en 1364 le nom d'hôtel Saint-Maur, à
« cause de l'abbé de Saint-Maur qui y avait fait sa ré-
« sidence. On le voit encore figurer dans un plan
« dressé vers 1532. »

Quoi qu'il en soit, et bien que l'hôtel des seigneurs

---

(1) Le terrier n'est point ici absolument d'accord avec Dom
Toussaint Duplessis. Le savant historien de l'église de Meaux
constate en effet l'exisence de deux chapelles dans le château
d'Oissery. Celle placée sous l'invocation de la sainte Vierge existait déjà en 1265; et le chapelain était à la nomination des chanoines d'Oissery.

des Barres eût cessé d'exister au siècle dernier et que
leur antique manoir ne fût plus guère qu'un amas de
ruines, la châtellenie suzeraine d'Oissery s'était main-
tenue dans sa presque intégrité. Mais les seigneurs
qui s'y étaient succédés avaient constamment aliéné
une partie de leur domaine direct et créé de nombreux
fiefs. Nous voyons dès le mois de mars 1252, Jehan
des Barres ériger un fief en faveur de Thomas d'Oissery, fief minime s'il en fût jamais, car il comprenait
« un manoir, une masure, et quatorze arpents de
terre. »

Les lettres d'érection de ce fief sont en français.
Cette curieuse charte, qui est conservée aux Archives
nationales, et que nous reproduisons *in extenso* avec
l'orthographe du xiii° siècle, est ainsi conçue :

« C'est la franchise d'un manoir faite à Thomas
« d'Oisserie, fils Mess. Foucaut, par Jehan des Barres.

« — A toux ceus qui ces lettres verrunt, je Johens
« sires des Barres et de *Ouseri*, salux, je fais queneue
« chose que je pour eumour et pour son servise e
« franchi a Thomas Doysseri le fil monseignour Fou-
« caut son mennoir et une masure qui fu herouale et
« XIIII arpenx et 1 quartier de terre, laquelle terre
« cil devant dit Thomas tenoit de moi acens et ar-
« champart et an coutumes de la vile, en tien meniere
« que cil devant dit Thomas tenra ce devant dit ma-
« noir et celle devant dite masure de moi en fié, ce

« est a savoir en ce meesme fié que cil devant dit
« Thomas tient de moi et tout... fié. Et de celle devant
« dite terre me rendra cil devant dit Thomas de cha-
« cun arpent VI d. de cens chacun en la Senremi et
« noil et veu que cil devant dit Thomas et si oier tie-
« gnent perpetuement ce devant dit mennoir et celle
« devant dite masure en fié einsins come illet devant
« dit et celle devant dite terre par le cens rendant
« ensins com illet devant dit et je jo hens des Barres
« sires de ces devant dites choses nommées le prou-
« met a garantir a ce devant dit Thomas et a ses oier
« a touz jour en contre toux et encontre toutes qui-
« tement et franchement sans autres redevances par
« le fié et par le cens ensins comme illet devant dit
« et pour que ce soit ferme et estable je fet seeler ces
« lettres de mon seel len de lincarnacion Nostre Sei-
« gnour. M. CC. L. III ou moais de marx. (Archives
« nationales, S. 5190 B, mars 1252.) »

Ainsi donc, tantôt pour récompenser un service
rendu, tantôt pour une cause, tantôt pour une autre,
le seigneur féodal abandonne une portion de son domaine direct et crée des fiefs et arrière-fiefs. Mais ce
qui amena surtout l'appauvrissement du domaine direct de la châtellenie d'Oissery, ce fut la grande générosité dont firent preuve envers l'Eglise les seigneurs des Barres et leurs successeurs. Les effets de

cette générosité nous fourniront les éléments d'un curieux chapitre.

Voici en quoi consistait, en 1747, le domaine direct des seigneurs d'Oissery :

1° Le vieux château avec la grange du Champart et trois arpents quatre-vingt dix perches ;

2° Les étangs du Rougemont et d'Oissery, dont l'étendue était de soixante-onze arpents quatre-vingt dix-neuf perches ;

3° Le moulin et le canal de Rougemont avec neuf arpents soixante-quatre perches de prés ;

4° Les prés de Clacquetel et les marais de Bregy comprenant soixante-trois arpents ;

5° Les bois des Barres et de l'Homme-Mort s'élevant ensemble à la quantité de cent soixante arpents ;

6° Les terres labourables de la ferme seigneuriale comprenant quatre cent quarante-six arpents.

C'était donc encore un beau domaine que celui fourni par la seigneurie d'Oissery.

Ce domaine fut vendu en 1763, par madame la comtesse de Pontchartrain, à Louis-François-Joseph de Bourbon, prince de Conti qui, en 1791, afin de se procurer de l'argent comptant pour émigrer, le revendit au sieur Brodelet.

PIÈCES JUSTIFICATIVES

MEZERAY. — *Histoire de France.*

DUCHESNE. — *Histoire de la maison de Montmorency.*

DUCHESNE. — *Histoire de la maison de Chastillon.*

SAUVAL. — *Antiquités de Paris.*

DOM TOUSSAINT DUPLESSIS, *Histoire de l'Église de Meaux.*

LE PÈRE DANIEL. — *Histoire de France.*

CHANTEREAU-LEFÈVRE. — *Traité des fiefs.*

CHAPITRE III

LES FIEFS ET ARRIÈRE-FIEFS MOUVANTS DU CHATEL D'OISSERY

Vingt-sept fiefs mouvaient du châtel d'Oissery. Quelques-uns comprenaient un nombre considérable d'arrière-fiefs. D'autres, au contraire, étaient de simples fiefs boursaux, c'est-à-dire des fiefs sans domaine et consistant uniquement en redevances.

Nous allons examiner successivement et avec soin ce qui concernait chacun de ces fiefs. Un vieil auteur exprime ainsi sa pensée sur le régime féodal :

« Sous ce régime, le seigneur enferme ses manants
« comme sous voûtes et gonds ; du ciel à la terre, tout
« est à lui : forêts chenues, oiseau dans l'air, poisson
« dans l'eau, bête au buisson, l'onde qui coule, la
« cloche dont le son au loin roule. » Ce langage, plein de vigueur et de poésie, est en quelque sorte l'exposé et le résumé de notre travail.

I

FIEF PRESBYTERAL A SAINT-PATHUS

La féodalité avait tout marqué de son empreinte. Le clergé était devenu lui-même féodal. Parmi les fiefs mouvants du châtel d'Oissery, le premier que nous trouvons est « le fief presbytéral de Saint-Pathus (1). » Voici la teneur de l'acte de foi, hommage et aveu du curé de Saint-Pathus : « Aujourd'hui mer-« credi cinq aoust mil sept cent cinquante, deux « heures après midy, en la compagnie de Nicolas-« Antoine Chéron, notaire et tabellion royal au bail-« liage de Meaux, résidant à Marcilly, et tabellion du « bailliage et châtellenye suzeraine d'Oissery, sous-« signé messire Etienne-Louis prêtre, curé de Saint-

---

(1) L'Église de Saint-Pathus existait déjà en 1102. — C'est à cette époque que les moines de l'abbaye de Molême, auxquels elle avait été donnée par un seigneur nommé Eudes, l'érigèrent en prieuré conventuel. Ce prieuré fut éteint le 28 juin 1726, par décret du cardinal de Bissy, évêque de Meaux.

« Pathus, y demeurant, s'est présenté au devant de
« la principalle porte du châtel d'Oissery, pour y
« faire et porter à très-haute et toute puissante dame,
« madame Hélène-Angélique-Rosalie de l'Aubespine
« de Verderonne, veuve de très-haut et très-puissant
« seigneur, monseigneur Jérôme Phelypeaux, comte
« de Pontchartrain et autres lieux, commandeur des
« Ordres du roy, et dame des terres et châtellenye
« d'Oissery, Saint-Pathus, Noëfort, Forfry, La Ra-
« mée, Silly, le Plessis-Pontchartrain et autres lieux,
« la foy, hommage et serment de fidélité, qu'il luy doit
« à cause et pour raison du fief presbytéral, sis à
« Saint-Pathus et dépendant de l'hostel presbytéral
« dudit Saint-Pathus, appartenant au sieur compa-
« rant en qualité de curé dudit Saint-Pathus, et mou-
« vant et relevant en plein fief et hommage de ma dite
« dame, comtesse de Pontchartrain, à cause de son
« châtel d'Oissery. Où étant arrivé, le sieur compa-
« rant après avoir, en présence dudit notaire et des
« témoins ci-après nommés, frappé par trois fois à la
« porte du château d'Oissery et demandé à chacune
« des dites trois fois à haute et intelligible voix si ma
« dite dame, comtesse de Pontchartrain, était au dit
« château ou personne pour elle ayant charge de re-
« cevoir ses vassaux à foy et hommage, et que per-
« sonne ne s'est présenté, s'est mis en état de vassal,
« tête nue, sans épée ni éperons, et à genou en terre,

« et en cet état a fait et porté à ma dite dame, com-
« tesse de Pontchartrain, la foy, hommage et serment
« de fidélité qu'il lui.doit à cause dudit fief presbyté-
« ral mouvant et relevant, comme dit est, en plein
« fief, foy et hommage de ma dite dame, comtesse de
« Pontchartrain, à cause de son châtel d'Oissery. »

II

FIEF MALNOUE

Ce fief appartenait au couvent des dames de Bon-Secours, établi à Paris, rue de Charonne. Il consistait uniquement dans la dîme du territoire de Saint-Mard. C'est un curieux exemple de ce que l'on appelait un fief en l'air, c'est-à-dire un fief où le domaine direct avait été complétement aliéné par le seigneur, qui ne jouissait plus, dès lors, que de certains droits ou priviléges féodaux.

Les dîmes de Saint-Mard étaient elles-mêmes chargées de redevances envers la seigneurie suzeraine d'Oissery; redevances d'ailleurs peu considérables, puisqu'elles s'élevaient à dix-huit setiers en grain, blé et avoine.

III

FIEF DE LA TOUR

Le fief de la Tour, situé à Oissery, appartenait à l'église Saint-Germain d'Oissery. Cette église, l'une des plus belles de la contrée, avait été érigée en collégiale le 18 février 1189, par Simon, évêque de Meaux. L'érection avait eu lieu à la sollicitation de plusieurs prêtres qui s'étaient retirés à Oissery et avaient fait donation de leurs biens à l'Eglise, à la condition qu'un collége de six chanoines y serait créé. Guillaume Ier des Barres, avait également fondé deux prébendes.

Il paraît que dans le courant du xiiie siècle, les chanoines avaient déjà quitté les usages du diocèse pour la célébration de la messe. Il ne fallut rien moins que la visite qu'Adam de Vaudoi, évêque de Meaux, fit à Oissery en 1292, pour obliger les chanoines à se conformer au rituel.

Les biens appartenant à la collégiale d'Oissery

étaient de quelque importance, et cependant ils se trouvaient, au dire de Dom Toussaint Duplessis qui écrivait au xviiie siècle, insuffisants par rapport au nombre des chanoines.

Le fief de la Tour, dont nous nous occupons, était peu étendu; il consistait en quelques arpents de terre et en dîmes à prélever sur le fief Terre-Rouge, de la seigneurie d'Oissery. C'est Me Denis Hurand, chanoine d'Oissery qui prête hommage en qualité d'*homme vivant et mourant*, nommé par l'assemblée capitulaire.

On appelait *homme vivant et mourant*, pour une église ou pour une abbaye, celui que les mainmortables ou possédant fief de mainmorte, présentaient au seigneur, afin qu'il lui fît hommage, et qu'à sa mort, le seigneur put exercer ses droits. Cet usage, qui nous paraît étrange, tient à ce que les communautés de mainmorte ne mourant pas, le seigneur n'aurait jamais pu exercer les droits, auquels donnait lieu l'ouverture de la succession d'un fief, comme par exemple, les droits de relief, de retrait féodal, etc

Voici un extrait du registre des délibérations capitulaires de l'église d'Oissery :

« Le mardi, 10 juin 1749, dix heures du matin, en
« l'assemblée de MM. les doyen, chanoines et chapitre
« de l'église collégiale et paroissiale de Saint-Germain
« d'Oissery, capitulairement assemblés au son de la

« cloche, en la manière ordinaire, où était Mᵉ Antoine
« Cotivy prêtre, curé, chanoine et doyen dudit cha-
« pitre d'Oissery, Mᶜ Denis Hurand, minoré et cha-
« noine dudit chapitre, en son nom et comme fondé
« de la procuration de Mᶜ Charles Bidault, aussi cha-
« noine dudit Oissery, prêtre du diocèse de Chartres,
« chapelain de monseigneur le comte de Maurepas,
« et sieur Henry Gruguelu, lieutenant d'infanterie au
« bataillon de Mantes, comme fondé de la procuration
« de Mᶜ Louis-Joseph Toquesne, prêtre au diocèse
« d'Amiens, et l'un des chanoines de l'église d'Ois-
« sery, a été nommé pour homme vivant et mourant,
« à effet de faire la foi et hommage à madame la
« comtesse de Pontchartrain, Mᶜ Denis Hurand. »

Ainsi donc, à l'assemblée capitulaire était présent
un seul prêtre ; les autres assistants étaient un clerc
tonsuré et un lieutenant d'infanterie.

IV

FIEF SANGUIN

Ce fief, situé à Oissery, était partagé entre huit propriétaires. Un seul rend au nom de tous, l'hommage féodal dû à madame la comtesse de Pontchartrain. C'est un laboureur du nom de Thomas, auquel le terrier donne le titre de seigneur de Sanguin.

Ce fief tire son nom d'un de ses anciens propriétaires, noble homme, Me Nicole Sanguin, conseiller du roi en sa cour de parlement de Paris.

V

FIEF ESCUACOT

Ce fief, également situé à Oissery, était divisé en un grand nombre de propriétaires.

Son importance territoriale était nulle.

VI

FIEF JEAN-JUDAS DE SAINT-MAUR

Dans les fiefs précédents, il n'est pas question des droits justiciers ; ici, au contraire, nous les voyons apparaître.

Les vénérables chanoines de l'église royale, collégiale et paroissiale de Saint-Louis-du-Louvre et Me Brettau, conseiller du roi, auditeur à la Cour des comptes, seigneurs, par indivis, du fief Jean-Judas, sont en même temps hauts justiciers. On leur reconnaît le droit d'instituer un maire, un procureur fiscal, un greffier, un sergent, etc. C'était assurément là un droit précieux ; mais comme il n'y avait, par malechance, dans ledit fief ni manoir, ni maison, ni habitant, il était assez difficile d'y établir une cour de justice ; aussi, en fait, s'adressait-on aux officiers de justice établis à Oissery. De ceci résulte que l'impossibilité, où se trouvait le justicier d'exercer son droit, ne l'en privait pas. Seulement, on portait devant la cour suzeraine les affaires, mais sans toucher au principe de sa juridiction et sans lui enlever les autres droits dérivant de ce principe.

D'ailleurs, il faut bien le reconnaître, au xviii° siècle, la juridiction féodale était réduite aux affaires de peu d'importance.

L'ordonnance d'Orléans, en exigeant l'agrément du roi pour la nomination des officiers de justice seigneuriaux, avait singulièrement diminué la puissance féodale.

L'édit de mars 1693, confirma ce principe et acheva de réduire l'autorité des seigneurs. En réalité le droit de justice, tel qu'ils l'avaient conservé, était presque devenu un vain mot; ils n'en possédaient guère plus que les profits.

Par rapport à leurs droits justiciers, les seigneurs se trouvaient à peu près dans la situation où sont actuellement les veuves et les héritiers des officiers ministériels. En effet, si une charge d'avoué ou de notaire est pour les héritiers du titulaire une véritable propriété, il n'en résulte cependant pas que ceux-ci soient en possession d'une fraction quelconque du pouvoir public.

Le droit de justice était pour les seigneurs une source de revenus. C'était une sorte d'office héréditaire qu'ils ne pouvaient exercer par eux-mêmes et

qu'ils ne pouvaient vendre qu'à une catégorie d'indi-
vidus désignés par le pouvoir central.

Les seigneurs hauts justiciers n'en continuaient pas
moins à affirmer leurs prétentions dans leurs titres,
et même par un symbole extérieur, les fourches patibulaires. Ces fourches consistaient en des piliers de
pierre réunis au sommet par des traverses de bois
auxquelles on attachait les criminels. Le nombre des
piliers variait suivant la qualité des seigneurs. Les
simples gentilshommes hauts justiciers, en avaient
deux, les châtelains trois, les barons quatre, les
comtes six, les ducs huit, le roi seul pouvait en avoir
autant qu'il le jugeait convenable, et il les avait établis à Montfaucon. Les fourches patibulaires étaient
placées au milieu des champs, près des routes et sur
une éminence, souvent à l'entrée du territoire soumis
à la justice du seigneur, dans des lieux qu'on nomme
encore aujourd'hui *la Justice, la Potence, le Gibet, le
Pilori.*

Les censitaires du fief Jean-Judas de Saint-Maur,
étaient au nombre de cinquante-un. Parmi eux, nous
trouvons le comte de Mornay (1) et M. de Flesselles,
marquis de Brégy.

Curieux résultat du système féodal qui, faisant dé-

(1) Charles-Louis de Mornay, comte de Mornay-Hangest, seigneur, d'Etrépilly, appartenait à la vieille et illustre maison de
Mornay, originaire du Berri et qui remonte au xiie siècle.

river tous les droits de la terre, rendait souvent un seigneur puissant, censitaire d'un seigneur d'un ordre inférieur.

VII

FIEF OUDART-CHARPENTIER

Ce fief n'était d'aucune importance et comprenait seulement neuf arpents de terre.

C'était un fief roturier. Il n'avait ni hôtel seigneurial, ni fossés, ni droit de haute, moyenne ou basse justice. Un tel fief paraît au premier abord ressembler beaucoup à un héritage censitaire. Ce qui, en réalité, constituait une différence considérable, c'est que le possesseur d'un fief roturier n'était pas assujetti au droit de champart, redevance seigneuriale qui frappait lourdement les terres tenues en censive.

VIII

FIEF DE LA MALMAISON

Ce fief avait pour propriétaire Hilaire Rouillé, marquis du Couldray, brigadier des armées du roi. Le marquis du Couldray possédait ce fief comme héritier de sa mère, Geneviève Titon, veuve de messire Le Féron, seigneur du Plessis-au-Bois, maître des comptes.

Madame Le Féron avait acheté ce fief à madame Jeanne Voisin (1), veuve de messire Chrétien-François de Lamoignon, chevalier, marquis de Basville, président à mortier au Parlement de Paris. Ici donc, comme dans un grand nombre d'autres cas, nous avons pour propriétaire des fiefs dépendant de la

(1) Jeanne Voisin, mariée en 1674 à Chrétien de Lamoignon, marquis de Basville et baron de Boissy, président à mortier, fils du 1er président de Lamoignon, était fille de Daniel Voisin, prévost des marchands de Paris et seigneur du Plessis-Voisin (actuellement le Plessis-aux-Bois), de la Malmaison, des Essarts, de Cuisy, etc.

seigneurie d'Oissery, une puissante famille parlementaire. Le voisinage de Paris, la grande fertilité du sol, qui permettait d'avoir des parcs bien ombragés et des fermes bien cultivées, donnait de l'attrait à ces fiefs qui, après avoir été possédés par la noblesse d'épée, avaient fini par appartenir presque tous, au moins les plus importants, à cette grande bourgeoisie parisienne, qui, par ses richesses et l'éclat des charges publiques dont elle était revêtue, devait si complétement remplacer les premier seigneurs féodaux, que c'est à peine si le souvenir de ceux-ci s'est maintenu parmi nous.

Le fief de la Malmaison se composait de l'hôtel seigneurial situé à Saint-Soupplet et d'une soixantaine d'arpents de terre. Les censitaires étaient au nombre de quarante-deux ; parmi eux, nous trouvons M. Pinon, conseiller en la Cour de Parlement.

Les seigneurs de la Malmaison avaient seulement droit de moyenne et basse justice. La basse et la moyenne justice différaient peu l'une de l'autre. Elles donnaient le droit de connaître de la police, des dégâts causés par les animaux, des injures légères, et d'autres délits qui ne pouvaient être punis d'une amende de plus de dix sols parisis. Les seigneurs bas justiciers jugeaient les procès de leurs vassaux jusqu'à la somme de soixante sols parisis, ainsi que les questions relatives aux cens, rentes et exhibitions de contrats, pour raison des héritages situés sur leur territoire. Le bas justicier pouvait faire arrêter sur ses domaines tous les délinquants, et avoir à cet effet maire, sergents et prison ; il fixait les bornes des propriétés entre ses vassaux de leur propre consentement. C'était une sorte de justice de paix exercée au nom des seigneurs. Le seigneur de la Malmaison possédait également la justice censuelle, c'est-à-dire le droit de prendre et percevoir l'amende pour faute de cens non payé. En mentionnant expressément ce droit, notre terrier s'est conformé à l'article 203 de la coutume de Meaux, qui fait une distinction entre la moyenne et basse justice d'une part, et la justice censuelle de l'autre.

IX

FIEF DE PRÉCY

Le fief de Précy était situé à Douy, en la coutume de Valois. Il n'avait aucun droit de justice et comprenait seulement quelques arpents. Le seigneur était messire Olivier Vallée, maître en la Chambre des comptes, seigneur de la Mare, Marle, Vaucourtois, etc.

X

FIEF PRÉVALLOIS

Le fief Prévallois comprenait seulement deux arpents vingt perches de terrain, et encore ces deux arpents vingt perches étaient-ils divisés entre deux propriétaires.

L'exiguité de ce fief, auquel était cependant attaché
le droit de chambellage, nous montre la féodalité sous
un aspect vraiment curieux. Voici en effet, deux propriétaires, dont l'un est seigneur d'un arpent quarante
perches et l'autre de quatre-vingts perches seulement,
et qui, cependant, doivent à leur seigneur suzerain le
droit de chambellage, c'est-à-dire le droit prélevé autrefois par les chambellans du roi, qui conservaient
le manteau du vassal venu pour prêter hommage à
son suzerain. Il est vrai que notre terrier stipule le
rachat de ce droit pour la modeste somme de cinquante sols.

Hâtons-nous d'ajouter que les propriétaires du fief

Prévallois sont expressément dispensés des droits de quint et requint, c'est-à-dire que le seigneur suzerain d'Oissery consent à ne pas prélever le cinquième du prix à la vente du fief. Assurément, c'était là une bien grande concession!

XI

FIEF DES ESSARTS

Le fief des Essarts, situé à Saint-Mard, offre peu d'intérêt. Il comprenait quatre-vingts arpents de bois, et avait pour seigneur messire Rémond de Montmort, seigneur de Saint-Mard, maréchal des camps et armées du roi.

XII

FIEF PASQUIER

Le domaine réel et direct de ce fief situé à Mitry et dont le seigneur était le marquis de Marivaux (1), consistait en un arpent et quelques perches de terre, entouré de fossés et planté d'une douzaine d'ormes.

Les censives étaient également de peu d'importance; elles se réduisaient à vingt-cinq sols neuf deniers, quatre chapons, une poule, deux pains.

La justice foncière appartenait à ce fief.

La justice foncière était une juridiction réelle et domaniale pour le payement et la conservation des droits du seigneur, cens, rentes, etc.

Les fiefs relevant du fief Pasquier et qui, par consé-

(1) Louis-Jean-Jacques de l'Isle, marquis de Marivaux, mestre de camp de cavalerie, premier cornette des chevau-légers dauphin, était fils de Hardouin de Marivaux, lieutenant-général des armées du roi et d'Alphonsine de Guénégaud, fille de Guénégaud, trésorier de l'épargne et seigneur du Plessis-Guénégaud (actuellement Plessis-Belleville).

quent, étaient les arrière-fiefs de la châtellenie d'Oissery, étaient au nombre de huit.

1º Le fief Bailly, situé à la Villette-aux-Aulnes, aptenait au couvent des Filles-Dieu de la rue Saint-Denis. De ce fief relevait un autre arrière-fief, consistant en huit arpents de terre et situé à Villiers-le-Bel.

2º Le fief Bois-le-Vicomte était également de la paroisse de la Villette-aux-Aulnes. Il consistait en quatorze arpents de terre et avait cela de particulier, que ces quatorze arpents étaient enclavés dans le parc de la comtesse de Sénozan.

3º Le fief Saint-Nicolas-d'Acy comptait quatre-vingt-dix arpents de terre et appartenait aux religieux du couvent Saint-Nicolas-d'Acy. Ces religieux avaient été assez heureux pour se faire dispenser du droit de relief, c'est-à-dire qu'ils évitaient ainsi tout droit de mutation, et n'avaient pas besoin de recourir à la formalité féodale de l'homme vivant et mourant, pour les représenter à l'hommage dû au suzerain.

4º Le fief du chapitre de Dammartin comprenait douze arpents.

5º Le fief de Compans, situé à Saint-Mard, était, quoique peu considérable, partagé entre quatre propriétaires.

6° Le fief de Belleville, situé au Plessis, a donné à cette commune le nom qu'elle porte actuellement (1).

7° Le fief Bourcier appartenait d'une part à un sieur Navarre qui, dans les actes, s'intitule tout à la fois fermier, écuyer et sieur de Maison-Neuve, et d'autre part à messire Paulin d'Aguesseau de Fresne, chevalier, conseiller d'Etat (2).

8° Le fief Novion, comme celui de Bois-le-Vicomte, était englobé dans le parc de la comtesse de Senozan. Les religieuses de Saint-Denis en contestaient la suzeraineté à la châtellenie d'Oissery.

---

(1) Le Plessis s'est successivement appelé le Plessis-le-Vicomte, le Plessis-Belleville, le Plessis-d'Alègre, le Plessis-Guénégaud, le Plessis-Pontchartrain, le Plessis-Conti. Il a repris depuis le commencement de ce siècle son nom de Plessis-Belleville qui semble devoir lui rester.

(2) Paulin d'Aguesseau, marquis de Fresne, était le fils de l'illustre et vertueux chancelier. Il fut le père du comte d'Aguesseau, envoyé aux États généraux par le bailliage de Meaux et qui fut ensuite sénateur, puis pair de France et membre de l'Académie française.

XIII

FIEF CULDOYE

Bien qu'extrêmement exigu et ne comprenant que quelques arpents, le fief Culdoye se subdivisait en deux parties : 1° fief Maison-Neuve, 2° fief Berger. Le fief Maison-Neuve appartenait aux Navarre, riche famille de cultivateurs qui en avaient pris le nom.

XIV

FIEFS LABBÉ-BITERNE, PEROUSEL, ET PARTIE DES FIEFS LATOURELLE ET LA FONTAINE

Ils n'avaient aucune importance. Ainsi le fief Perou-sel ne contenait que soixante-dix-sept perches ; mais il avait l'honneur grand d'appartenir à S. A. S., monseigneur Louis-Joseph de Bourbon, prince de Condé, prince du sang, paire et grand maître de France, gouverneur et lieutenant-général pour le roi en ses provinces de Bourgogne et Bresse, duc de Bourbonnais, d'Enghien et de Guise, comte de Dammartin et de Nauteuil-le-Haudouin. Quant au fief La Fontaine, il appartenait à monseigneur Charles de Maupeou, chevalier, marquis de Morangle, président du Parlement de Paris.

XV

FIEF MAITRE THIBAULT-DE-VITRY

Ce fief ne comprenait que six quartiers de terre, c'est-à-dire un arpent et demi ou autrement soixante-quinze ares. Il appartenait, ainsi que partie du fief Perousel, sis à Ognes, à Etienne-Nicolas Buisson, laboureur à Bouillancy.

Dans l'acte d'aveu et hommage, Nicolas Buisson s'intitule seigneur de Vitry. Le terrier d'Oissery nous montre un certain nombre de cultivateurs agissant de même : ainsi, nous voyons le laboureur Thomas prendre le nom de seigneur de Sanguin; et les Navarre, vieille et respectable famille de culture, porter les uns le nom de *de la Briquette*, les autres celui de *de la Maison-Neuve*. Combien d'autres familles, dont l'origine est aussi modeste, se trouvent dans le même cas et ont pris comme distinction nobiliaire le nom de la ferme que cultivaient leurs pères. Mais le temps a passé sur ces usurpations; il y a maintenant une sorte de possession d'état. D'ailleurs, l'usage d'altérer les noms de famille par intérêt ou par vanité est ancien. L'ordonnance de Henri II, comme celle de Louis XIII, n'apportèrent aucun frein à cette étrange manie de substituer à son propre nom un nom de terre. Le rare bon sens de Molière lui faisait dire avec un grand à-propos dans l'*Ecole des femmes* :

> Quel abus de quitter le vrai nom de ses pères,
> Pour en vouloir prendre un, bâti sur des chimères :
> De la plupart des gens c'est la démangeaison ;
> Et, sans vous embrasser dans la comparaison,
> Je sais un paysan qu'on appelait Gros-Pierre,
> Qui, n'ayant pour tout bien qu'un seul quartier de terre,
> Y fit tout à l'entour faire un fossé bourbeux
> Et de Monsieur de l'Isle en prit le *nom* pompeux.

Malgré les ordonnances de nos rois, malgré les railleries de Molière, de La Bruyère, de La Fontaine, malgré les lois sévères de 1790 et de 1791, cet abus s'est perpétué. La loi du 28 mai 1858 punit quiconque, sans droit et en vue de s'attribuer une distinction honorifique, aura publiquement pris un titre, changé, altéré ou modifié le nom que lui imposent les actes de l'état civil.

Cette loi est en pleine vigueur, puisqu'elle forme l'article 259 du Code pénal ; cependant les parquets sont loin d'en requérir l'application dans tous les cas où il y a délit. Sur ce point, l'usage a presque fini par triompher de la loi.

Mais ce qu'il y a de vraiment curieux dans cette usurpation de particules par un grand nombre de familles bourgeoises, c'est qu'en réalité la particule n'a jamais été une preuve de noblesse et n'indique la plupart du temps que la propriété et la provenance. Les *de* et les *du* sont pleins d'irrégularités et d'usurpations. Dans les pays flamands le *de* est le même article que le *der* allemand et signifie *le;* ainsi « der Muller » veut dire « le meunier. » Dans notre terrier, le *de* séparé est constamment donné à des familles des plus modestes qui n'ont jamais eu la moindre prétention à la noblesse, comme les de Lagarde, les de Cagny, les de Lahaye, etc. Le plus souvent, la particule *de* indique la bourgeoisie propriétaire. Ainsi, Navarre de la Maison-Neuve ne veut pas dire autre chose que Navarre, propriétaire cultivateur de la ferme de la Maison-Neuve, etc. Que d'exemples nous pourrions citer à l'appui de cette thèse! mais beaucoup de ces vieilles familles de culture existent encore et les citer, ce serait paraître vouloir diminuer la juste considération dont jouissent leurs descendants. Ceux-ci ont préféré une noblesse incertaine et mal assise, à plusieurs siècles de roture prouvée. Beaucoup l'ont fait de bonne foi; c'est là une atténuation dont il faut leur tenir compte.

XVI

FIEF DE MONTGRESAIN

Ce fief, sis au territoire de Montgé, contenait qua-
rante-trois arpents de terre et appartenait à haute
et puissante dame, Charlotte de Montebert, épouse
d'Anne de Montmorency, qualifié dans l'acte de premier baron chrétien de France, et veuve de François
de Bretagne, également qualifié dans l'acte, de premier baron de Bretagne.

Ceci prouve que les Montmorency étaient seulement
premiers barons du duché de France. C'est en effet
en 1390, que Jacques Ier, sire de Montmorency, se
donna cette qualification ; son avocat exposa ses titres
devant le Parlement de Paris. Il en résultait qu'à
l'époque où Robert le Fort, bisaïeul de Hugues Capet,
s'était emparé du duché de France, le baron de Montmorency lui avait le premier prêté serment de vassa-
lité et était ainsi devenu premier baron du duché de
France.

5

XVII

FIEF SAINT-JULIEN

Ce fief, situé à Vendrest, appartenait à l'abbaye de Jouarre. Il ne comprenait, comme domaine direct, qu'un demi-quartier de terre, soit un huitième d'arpent ou un seizième d'hectare.

Les héritages faisant partie de la censive, étaient au nombre de quarante-neuf, parmi eux l'église et le cimetière. Si le domaine direct du fief Saint-Julien était réduit à presque rien, il jouissait en revanche de tous les droits féodaux, attribués aux seigneurs, par la coutume de Meaux. Ainsi la dame, abbesse de Jouarre, avait droit de haute, moyenne et basse justice; et elle faisait exercer cette juridiction par le bailli de l'abbaye, qui demeurait à Jouarre. Les autres droits, dont parle le terrier, sont les suivants :

Droit de confiscation. Le nom seul en indique la nature.

Droit de déshérence. Ce droit consistait à recueillir

la succession de ceux qui ne laissaient pas d'héritiers légitimes.

Droit de pourvoirie. Ce droit autorisait le seigneur à prendre pour son usage les chevaux, voitures et denrées de ses vassaux.

Droit d'épaves. Ce droit livrait aux seigneurs les trésors découverts et les animaux errants.

Enfin, le droit de lods et ventes. On désignait sous ce nom, le droit que l'on payait à la vente d'un héritage censier. C'était le douzième du prix de la terre.

XVIII

FIEF CHOCART

Le fief Chocart comprenait seulement trois petites pièces de terre et se subdivisait cependant en deux autres fiefs.

C'était ce que l'on appelait un pied de fief, c'est-à-dire un fief morcelé. « Point de terre sans seigneur, « point de seigneur sans terre. Le plus grand terrien « est le plus grand seigneur. » Tel est l'axiome féodal. Il faut en conclure que le seigneur du fief Chocart devait faire assez pauvre mine.

XIX

FIEF CHÉRON

Ce fief était bien peu considérable.

Son domaine direct consistait en quatre-vingt-seize perches de terre. Les droits utiles et honorifiques étaient absolument nuls.

Il n'en était pas de même de ses charges.

Nous voyons que le sieur Prévost, laboureur, qui en était le propriétaire, avait dû payer à madame la comtesse de Pontchartrain dix livres pour droit de relief, et vingt-cinq sols pour droit de chambellage, ce qui, assurément, formait un total de quelque importance, par rapport à l'exiguité du fief.

XX

FIEF DE LIZY-LA-GONNESE

Ce fief qui, comme son nom l'indique, était situé à Lizy, appartenait à madame Henriette-Marie le Hardi, fille du marquis de la Trousse et épouse du prince de la Cisterne (1).

Ce fief contenait un bel hôtel seigneurial avec parc, jardin, rivière, deux cents arpents de bois. Il était tel enfin, qu'il convenait à une grande dame comme la princesse de la Cisterne, qui en faisait sa résidence habituelle.

(1) Marie-Henriette le Hardi, dame de Crépoil et de Lizy-sur-Ourcq, fille de Philippe-Auguste le Hardi, marquis de la Trousse, lieutenant-général des armées du roi, avait épousé le 16 février 1684, Amédé-Alphonse del Pozzo, marquis de Togliera, prince de la Cisterne, grand veneur du duc de Savoie. C'est à la maison de la Cisterne qu'appartient la duchesse d'Aoste, belle-fille du roi d'Italie Victor-Emmanuel, qui fut un instant reine d'Espagne. La maison de la Trousse n'était pas très-ancienne. Sa fortune datait surtout du mariage de Sébastien le Hardi, seigneur de la Trousse, avec Suzanne Olivier, petite-fille du chancelier Olivier (18 avril 1545).

Les droits féodaux et justiciers, attachés à ce beau domaine, étaient considérables.

D'abord le droit de haute, moyenne et basse justice.

Venaient ensuite :

Les droits de domagement. Les adjudicataires de bois de la forêt de Villers-Cotterets, qui transportaient leurs marchandises à Paris par le moyen de la rivière d'Ourcq, étaient tenus à un péage. Cette rivière était une portion du fief de Lizy,

Le droit de dîme sur toutes les graines et autres fruits qui croissaient sur le territoire de Lizy.

Le droit de minage et mesurage, qui consistait en ce que toutes les graines qui se vendaient et livraient dans toute l'étendue de la terre de Lizy, devaient être mesurés par les fermiers et commis de la princesse de la Cisterne.

Le droit de halage des foires et marchés qui se tenaient à Lizy. Ce droit consistait en ce que nulle personne ne pouvait étaler, vendre ou débiter des marchandises et bestiaux aux dites foires et marchés, qu'en payant à la princesse de la Cisterne la rétribution par elle fixée.

Le droit de travers et péage sur le pont de Lizy. Il faut croire que les bureaux du péage n'étaient pas éloignés du pont de plusieurs lieues, comme l'étaient ceux dont parle Loyseau, que les seigneurs établissaient le plus loin possible, afin que les marchands, ennuyés de se détourner de leur route, se hasardassent à passer sans payer, et se vissent ainsi exposés à voir leurs marchandises confisquées ou contraints à payer une grosse amende. C'était assurément un excellent profit pour les seigneurs hauts justiciers.

Le droit de chasse. C'était sur les terres de leurs vassaux que les seigneurs exerçaient ce droit, l'un de ceux auquel ils tenaient le plus. Les défenses de chasse, au dire de Claude Seyssel, étaient si âpres et si sévères, qu'il était plus remissible de tuer un homme qu'un cerf ou un sanglier. Aussi les fauves s'étaient accrus à un tel point, que Louis XI fut obligé de faire brûler dans toute l'Ile de France « toutes manières « de bestes sauvages et d'oiseaux, et nul n'en fut « espargné, noble ne villain, réservé en aucunes ga- « rennes appartenant aux princes. »

Le droit de prisée et vente de tous les meubles meublants, chevaux, bestiaux et autres effets qui se vendaient et prisaient en justice, dans l'étendue de la terre et seigneurie de Lizy.

Le droit de banalité sur tous les habitants de Lizy, pour les trois moulins et pressoirs qui y étaient situés. Ce droit était tel, qu'aucun des habitants ne pouvait faire moudre ses grains, faire faire ses huiles, faire fouler ses draperies et faire pressurer ses vins, ailleurs qu'aux dits pressoirs et moulins banaux.

Enfin le droit de corvée sur tous les habitants de Lizy, qui était tel, que les habitants de Lizy étaient tenus, au premier mandement de leur seigneur, de venir faner, charger et engranger ses foins.

Cette énumération ne démontre-t-elle pas péremptoirement à quel point était violé, par le système féodal, le droit de propriété. Ainsi il était défendu au propriétaire de chasser sur ses terres, de pêcher dans ses eaux, de moudre à son moulin, de cuire à son four, de fouler ses draps à son usine, d'aiguiser ses outils à sa meule, de faire son vin, son huile, son cidre à son pressoir, de vendre ses denrées au marché public, d'avoir étalons pour ses troupeaux, pigeons dans son colombier ou lapins dans son clapier.

XXI

FIEF DE BRUMIERS

Voici la liste des propriétaires et seigneurs de ce fief depuis Henri II :

Antoine de Rosny, chevalier, seigneur de Villeneuve.

Georges de Gage, écuyer.

Messire Louis Faure, conseiller en Parlement.

Messire Jean Faure, conseiller en Parlement, chevalier, seigneur de Saint-Jeangoust.

Messire J.-B. de Bachellier, seigneur de Montigny.

Messire François Du Moulin, seigneur de Vareil.
M. le vicomte Denis-Auguste Du Moulin.

Madame la générale de Marbot.

Le domaine direct de ce fief se composait de l'hôtel

seigneurial, sis à Saint-Pathus, avec parc et jardin, de soixante arpents de bois et de cent-dix arpents de terres labourables. Les censitaires étaient au nombre de trente. Les seigneurs de Brumiers se plaisaient beaucoup à Saint-Pathus. Ils quittaient volontiers leur hôtel de Paris pour venir s'installer l'été dans leur manoir. Les baux constatent que leur fermier était tenu d'envoyer des chevaux les chercher à Paris. Leur présence à Saint-Pathus causait quelque peu d'ombrage à leur seigneur suzerain. C'étaient, paraît-il, des gens entreprenants et qui, à cause de leur qualité de conseillers au Parlement, aimaient à se donner de l'importance.

C'est du moins ce qu'affirmait la comtesse de Pont-chartrain, qui leur contestait le droit de moyenne et basse justice, qu'ils prétendaient exercer. Ils avaient institué un juge et des officiers de justice. Ceci contrariait fort le seigneur d'Oissery qui parvint, vers la fin du siècle dernier, à faire supprimer cette juridiction.

Les seigneurs de Brumiers durent se contenter désormais de la justice foncière, mais celle-là devait elle-même leur être promptement enlevée, car la révolution arrivait à grands pas. Plus heureux cependant que beaucoup d'autres, ils ne virent pas confisquer leurs biens et traversèrent paisiblement la période révolutionnaire. Le vieux fief de Brumiers resta en la possession de leur héritière, madame la générale de Marbot, jusqu'en 1875, époque où elle vendit cette propriété qui était depuis plus de deux siècles dans sa famille.

XXII

FIEF DE MARCHÉMORET

Le seigneur de Marchémoret était messire Claude-Gédéon du Metz, chevalier, comte de Rosnay, et président en la Chambre des comptes. Il avait acheté ce domaine du marquis de Barbançon et Nantouillet, qui en avait hérité de son père (1).

L'hôtel seigneurial avait déjà cessé d'exister et était remplacé par une belle ferme. Le domaine direct se composait d'un étang et d'une centaine d'arpents de terres labourables.

(1) Le nom patronymique du marquis de Barbançon et Nantouillet était du Prat. Il descendait du fameux Antonie du Prat, seigneur de Nantouillet, qui fut successivement premier président du Parlement de Paris et chancelier de France sous Francois Ier, et qui, après la mort de sa femme, se fit d'Eglise, et devint tour à tour évêque de Meaux, archevêque d'Alby, archevêque de Sens, cardinal et légat du Pape. Il avait acquis une fortune énorme. Ses descendants, dont quelques-uns jouèrent un rôle considérable, restèrent en possession de la seigneurie de Marchémoret jusqu'au milieu du xviiie siècle.

Les cens et rentes dus à cette seigneurie, étaient considérables; ainsi nous trouvons cent treize héritages soumis à la censive.

Les droits seigneuriaux avaient également leur importance. Le seigneur était haut justicier, et il avait prévost, procureur fiscal, greffier, sergent, geôlier et voyer.

Il jouissait également, d'après un usage non contesté, et qui était déjà ancien en 1518, du droit de tabellionage, c'est-à-dire qu'il pouvait constituer des tabellions pour dresser les actes dans l'étendue de sa seigneurie.

Il avait encore le droit de voierie, qui consistait à faire planter des arbres en bordure sur tous les chemins, même là où il n'était pas propriétaire.

Les poids et mesures dont on se servait dans l'étendue de la seigneurie ne pouvaient être étalonnés que par ses officiers.

Lui seul pouvait chasser non-seulement sur les terres de son domaine direct, mais sur toutes celles tenues en censives.

Enfin il était en possession de tous les droits honorifiques mentionnés en la coutume de Meaux : droits de prières nominales, encens, présentation du pain et de l'eau bénite, place et sépulture au chœur de l'église.

Deux arrière-fiefs sans importance, le fief des

Hayettes et le fief du Buisson-le-Roy, l'un et l'autre ne comprenant que quelques arpents et situés au Plessis-Belleville, dépendaient de la seigneurie de Marchémoret.

XXIII

FIEF BUREAU

Le fief Bureau, situé en la commune de Forfry avait un domaine direct de deux cent trente-quatre arpents. L'hôtel seigneurial avait été transformé en ferme. Ce fief tire son nom de l'un de ses anciens propriétaires, Pierre Bureau, capitaine du marché et de la ville de Meaux, qui en était seigneur au temps de Charles VII et qui, en cette qualité, prête hommage au seigneur suzerain d'Oissery en 1442.

Pierre Bureau était fils de Jean Bureau, commis à l'exercice de la charge de maître de l'artillerie et neveu du célèbre Gaspard Bureau, chevalier, seigneur de Villemomble, qui fut créé grand maître de l'artillerie par lettres du roi Charles VII, données à Ruffec en avril 1442.

Pendant que Dunois, Dammartin, Lahire et Xaintrailles combattaient victorieusement les Anglais, Gaspard Bureau, comme son contemporain et ami

Jacques Cœur (1), aidait le roi de son adresse, de son intelligence, de son crédit. Il faisait fabriquer et achetait quelquefois de ses deniers, des arquebuses et des canons.

Le titre de maître de l'artillerie fut la récompense méritée des services rendus.

Il s'était agi de sauver la patrie, aussi ne trouva-t-on pas à redire lorsque le roi confia ces importantes fonctions à un homme d'une extraction si obscure qu'on est à peine d'accord sur le nom de son père. Bureau fut plus heureux que Jacques Cœur. La reconnaissance du roi lui resta acquise et lui permit de transmettre à son neveu Pierre les seigneuries qu'il avait achetées dans nos pays; aussi trouvons-nous en 1493 un Gaspard Bureau, archidiacre de Coutances, seigneur de Forfry, et en 1467 un Méry Bureau, seigneur de Saint-Soupplet.

Pierre Bureau avait une sœur dénommée « Philippe Burelle » dans un acte du 8 février 1465. Au xvᵉ siècle les noms patronymiques n'étaient pas encore définitivement arrêtés, et il arrivait souvent que tout en donnant aux filles le nom de famille de leur père on le modifiait par une désinence féminine, comme cela se pratique encore pour les noms polonais; ainsi Agnès

(1) La famille Cœur s'était alliée, au milieu du xvᵉ siècle, avec la famille Bureau, par le mariage de Geoffroy Cœur avec Isabelle Burelle.

Sorel, l'illustre contemporaine de Philippe Burelle, était fille de Jean Soreau, seigneur de Saint-Géran.

Les armes de la famille Bureau étaient des armes parlantes : trois buirettes, deux en chef et une en pointe.

Le fief Bureau avait seulement droit de justice basse et foncière. A cet effet, afin d'éviter les frais qu'entraînait l'établissement d'officiers de justice, le seigneur de ce fief avait obtenu que le bailly d'Oisery se rendît quatre fois par an, c'est-à-dire à Pâques, à la Saint-Jean, à la Saint-Rémy et à Noël dans la grande salle du fief Bureau afin d'y juger les causes.

XXIV.

FIEF ENJORAN OU ANJORRANT

Tout porte à croire que ce fief tire, comme le précédent, son nom de ses anciens propriétairès, les Anjorrant, seigneurs de Claye. Ce vieux nom d'Anjorrant est à coup sûr l'un des plus respectables de l'ancienne France. C'est un grand titre de gloire pour le village de Forfry d'avoir eu, à différentes époqués de notre histoire, des seigneurs comme Bureau, maître de l'artillerie de France, comme les Anjorrant, dont la vieille bourgeoisie parisienne est aussi ancienne que la noblesse des Capet; enfin comme les Rouillé, qui fournirent des ministres et des hommes d'État remarquables par leur esprit et leurs talents.

Les Anjorrant étaient, au xiii° siècle, conseillers du roi Louis IX. L'histoire raconte que l'ancien nom de leur famille était de Vanvres, et que c'était le roi saint Louis qui leur avait donné le surnom d'Anges

Orants, parce qu'il en trouvait toujours quelqu'un
en oraison dans la Sainte-Chapelle du Palais.

Les Anjorrant durent se rencontrer souvent à la
cour de Louis IX avec leur suzerain, le vaillant chevalier Guillaume des Barres, seigneur d'Oissery, qui
était aussi l'ami du saint roi. Ce sont là de vieux souvenirs qui ne sont pas sans charmes. Le roi tenait en
grande estime le guerrier et le magistrat.

Trois siècles plus tard, le roi François Ier arrivait
inopinément le soir dans le vieux manoir de Claye et
trouvait messire Anjorrant environné de tous ses enfants et domestiques, auxquels il récitait les prières
du soir, « et neul ne s'en esmeut non seulement pour
« retourner la teste devers sa Majesté royalle jus-
« qu'aprets le dernier ainsy-soit-il des complies, »
raconte le *Mémorial du Palais.* «Et par ma foy, mon con-
« sceiller, dict le roy François, vous avez bon droict
« et juste à ce nom d'Angeorant que vous portez. A
« touts seigneurs touts honneurs! et leur concéda ces
« deux anges vestus de thuniques au blazon royal de
« France quy sont tenants de leurs vieilles armes, à
« trois lys naturels en champ d'azur. »

A coup sûr, ces familles de parlement qui possédaient avant la révolution les fiefs et seigneuries de
nos contrées n'avaient rien à envier, ni pour l'an-
cienneté, ni pour l'illustration, à la noblesse d'épée,
presque entièrement disparue depuis longtemps.

L'erreur d'un grand nombre de ces antiques familles, c'est d'avoir eu honte de leur origine bourgeoise.

L'étude attentive que nous avons faite du terrier d'Oissery établit surabondamment que tous les fiefs de cette châtellenie étaient, au moment de la révolution, entre les mains de bourgeois, quelquefois même entre les mains de paysans, de roturiers qui en prenaient le nom ostensiblement dans des actes publics. Nous ne saurions leur en faire un reproche, puisque c'était l'usage. Mais leur tort a été d'oublier au bout d'une génération ou deux leur origine plébéienne. Au lieu de se rapprocher du peuple, dont ils étaient sortis, ils essayèrent de faire croire qu'ils appartenaient à la noblesse d'épée, à cette noblesse conquérante que leurs pères, après en avoir été les serfs, avaient peu à peu dépossédée à force de travail, d'industrie et de persévérance. Ce fut là une erreur fatale. Le peuple leur aurait peut-être pardonné leur richesse, il ne put leur pardonner leur vanité.

XXV

FIEF DE BOISSY

De tous les fiefs et seigneuries dépendant de la châtellenie d'Oissery, l'un des plus considérables était
sans contredit le fief de Boissy. Cependant il est loin
d'avoir eu l'importance que certains écrivains lui ont
attribuée.

Possédé au xiiie siècle par Gilles d'Acy, à la fin du
xive par Jean de Paris, il était, au moment des guerres
de religion, entre les mains du sire de Rentigny, qui
eut le chagrin de le voir piller et dévaster par les
soldats de son allié le duc de Parme.

Au xviie siècle, Boissy a pour seigneur les Dalmas,
au xviiie siècle la famille Rouillé.

La famille Rouillé, originaire de Bretagne, est peu
ancienne, mais elle a fourni des hommes d'État dis-
tingués. Elle se divisait en trois branches : les seigneurs, puis comtes de Meslay ; les seigneurs, puis
marquis du Couldray ; les seigneurs de Marbeuf et

et Saint-Seine. C'est à la branche des marquis du Couldray, seigneurs du fief de Boissy, qu'appartenait Hilaire Rouillé, procureur général à la Cour des Comptes, dont Saint-Simon fait le portrait suivant :

« Il était brutal, bourru, plein d'humeur, sans vou-
« loir être insolent, il en usait comme font les inso-
« lents... Au reste, bon esprit, savant, capable, mais
« qui ne se déridait qu'avec des filles et entre les pots. » Pierre Rouillé, diplomate distingué, et Antoine Rouillé, président au grand conseil, appartenaient également à la branche des marquis du Couldray. C'est le dernier descendant de la branche du Couldray qui, de nos jours seulement, ajouta le nom de Boissy à son nom patronymique. La réputation européenne que se fit le marquis de Boissy par les saillies de son vieil esprit gaulois et par l'indépendance de son caractère, a donné une sorte d'illustration au vieux et modeste manoir de famille, dont il crut devoir préférer le nom à celui de son père, Hilaire Rouillé, marquis du Couldray.

Des auteurs sérieux s'y sont laissé prendre. Ils ont cru et répété que le petit châtel de Boissy, situé en la châtellenie d'Oissery était l'antique résidence des fameux sires de Boissy, dont l'un fut gouverneur du roi François Ier, et dont un autre, grand écuyer de France sous Charles IX, a, par ordre du roi, fait démolir les fortifications de Meaux. Il n'en est rien

Jamais le château de Boissy n'a vu dans ses murs
de si illustres seigneurs. A part le sire de Rentigny,
ses hôtes furent moins batailleurs et d'origine plus
bourgeoise.

Voici la description du châtel de Boissy en 1752 :
« Cet hôtel seigneurial est orné de tours aux deux
« extrémités. La porte est composée d'un pavillon
« en forteresse, en laquelle est l'entrée par un pont-
« levis. On voit de grandes tours dans la cour, l'une
« où est au rez-de-chaussée l'auditoire de la mairie
« de Boissy-Forfry, et au-dessus un grand colombier,
« l'autre contenant au deuxième étage une chapelle
« sous l'invocation de saint Christophe (1). Le tout
« entouré de larges fossés pleins d'eau. Devant le
« château se trouve une avant-cour en laquelle est
« un bâtiment contenant le pressoir, auquel sont as-
« sujétis les habitants de Forfry. »

Le domaine direct comprenait de grands vergers,
un parc clos de murs, une garenne, des marais, de
belles fermes cultivant une certaine quantité de terres
labourables.

Voici les noms des fiefs relevant de Boissy et formant par conséquent les arrière-fiefs d'Oissery :

Forfry. — Ce fief, qui a donné son nom au village, était l'objet de difficultés sérieuses entre le sei-

(1) Cette chapelle fut fondée en 1271 par Gilles d'Acy, seigneur
de Boissy.

gneur suzerain d'Oissery et les seigneurs de Boissy.
Ceux-ci, en effet, s'intitulaient seigneurs et dames de
Forfry, et ce titre leur était formellement contesté
par madame de Pontchartrain, qui prétendait y avoir
seule droit, comme dame châtelaine et haute justicière de la paroisse dudit Forfry. Quant à nous, il
nous semble que la comtesse de Pontchartrain était
dans le vrai. En effet Loyseau, dont l'opinion fait foi
en pareille matière, déclare formellement dans son
livre des *Seigneuries*, chap. ii, n° 11, « que le titre de
« seigneur appartient d'abord aux justiciers et en-
« suite aux seigneurs directs, mais par bienveil-
« lance seulement et à faute que les justiciers l'aient
« pris. »

Fief du Donjon. — Ce fief était situé devant l'église
de Forfry. Son nom semble indiquer que c'était un
reste du Fort-Fery, qui suivant quelques auteurs, aurait donné son nom à la paroisse. Les censives de ce
fief étaient de quelque importance et comprenaient
une quarantaine d'héritages.

Fief Chevalier. — Il se composait de deux arpents
de terre seulement.

Fief Bourneville. — Il comprenait une belle ferme
et des terres labourables étendues.

Les autres fiefs étaient ceux de la petite Ramée, de
Terre-Rouge et Pied-de-Fer.

Tous ces arrière-fiefs d'Oissery étaient, en 1752,

réunis en la main du même propriétaire, messire
Dalmas, seigneur de Boissy, et composaient une fort
belle terre, que les nombreux héritiers de ce seigneur
vendirent quelques années après à la riche famille des
Rouillé.

Si le domaine direct de Boissy était considérable et
assurait à ses possesseurs de beaux revenus, les droits
féodaux en étaient restreints. Ainsi les seigneurs ne
pouvaient exercer le droit de haute justice que dans
l'intérieur du château de Boissy et dans les vingt
arpents qui l'entouraient. Ils avaient seulement droit
de moyenne et basse justice sur les autres héritages
formant la seigneurie de Boissy. Leurs droits honorifiques n'étaient pas non plus considérables et leur
orgueil devait en souffrir. Voici, suivant Jacquet
(livre Ier, chap. 23), en quoi consistaient ces droits :

« On entend par droits honorifiques les honneurs
« des églises dont les seigneurs justiciers sont en
« possession, suivant le droit commun, qui consis-
« tent dans la préséance qu'ils ont à l'église, aux
« processions et aux assemblées concernant le bien
« de l'Eglise ; à avoir les premiers l'aspersion de l'eau
« bénite, le pain bénit, l'encens et le baisemain de la
« paix ; à aller les premiers à la procession et à l'of-
« frande ; à être recommandés aux prières nominales ;
« à avoir leurs bancs et leurs sépultures au chœur, et

« à pouvoir mettre leurs litres ou ceintures funèbres
« autour de l'église. »

Le terrier ne reconnaît aux seigneurs de Boissy
que le droit de banc dans le chœur de l'église de Forfry
et de recommandation aux prières, et il a le soin d'a-
jouter : « le tout après madame la comtesse de Pontchartrain, dame haute justicière d'Oissery Forfry. »

Ne résulte-t-il pas de ceci, des difficultés survenues
à cause de l'usurpation du titre de seigneurs de Forfry
par la famille Dalmas, et des procès des seigneurs de
Brumiers, à cause de leur prétendu droit de justice,
que la dame suzeraine d'Oissery avait quelque peine
à défendre ses prérogatives de haute justicière. Ces
querelles, ces contestations nous semblent aujour-
d'hui bien vaines ; mais dans une société qui divisait
les citoyens en castes et admettait des rangs divers,
l'orgueil devenait nécessairement un principe actif
de luttes et de contestations. Les seigneurs féodaux
et justiciers se sont disputé plus âprement les honneurs et les distinctions dans leurs villages, que la
possession du territoire de leurs seigneuries.

XXVI

FIEF DE NOUE-TARANNE

LE MONASTÈRE DE FONTAINE

Ce fief, qui était situé à Oissery, comprenait quelques arpents de terres. Il appartenait aux religieuses du monastère de Fontaine en France, dépendantes immédiatement du Saint-Siége apostolique.

Le monastère de Fontaine fut établi au commencement du xiie siècle, sous le règne de Louis le Gros. On lui assigne pour fondateur Mathieu de Douy. Les sires des Barres, les comtes de Vermandois, les comtes de Champagne et Brie furent ses principaux bienfaiteurs. Ce monastère renfermait, dit un historien local, quarante religieuses; chacune de ces religieuses avait sa cellule au couvent, une stalle à l'église et son coin de terre au jardin. Leur habillement se composait d'un vêtement blanc, d'une guimpe plissée et d'un capuce noire; elles appartenaient à l'ordre de Fontevrault et prononçaient des vœux perpétuels.

Par la suite leur communauté devint si considérable qu'une colonie s'en détacha pour s'établir au monastère de Collinances. Parmi les supérieures du couvent de Fontaine nous trouvons mesdames Jeanne de Troie, Renée de Bourbon, Marie de Bretagne, Marie-Louise de Montholon.

Ce monastère a continué d'exister jusqu'à la fin de la Révolution. A ce moment, ses revenus annuels étaient de 67,946 livres 19 sols 4 deniers, ainsi que l'atteste le livre des recettes de cette communauté, conservé dans les archives départementales de Seine-et-Marne.

Le livre des dépenses des religieuses de Fontaine est également curieux. Il en résulte qu'à Fontaine la vie était facile, large et abondante et ne se ressentait en rien des austérités pratiquées dans certains monastères. Ce livre de dépenses offre encore cet intérêt particulier de nous indiquer quel était il y a un siècle dans nos pays le prix exact des objets de consommation. On y verra que les vins de Bourgogne, les poissons de mer et les huîtres arrivaient facilement à Fontaine, et que le gibier n'y était pas rare. Voici le résumé des dépenses de l'année 1785 :

« Chapitre Ier. Grains et vins. — Payé 189 livres « 5 sols pour droits perçus sur 54 pièces de vin d'E- « pernay à 3 livres 10 sols l'une; — pour droits de « rivière sur le même vin, 278 livres; — à M. Blanzi,

« intendant de M. de La Fayette, pour prix de ce vin,
« 3,000 livres, savoir 42 pièces à 60 livres et 12 pièces
« à 40 livres; — pour 4 pièces de vin de Bourgogne,
« 120 livres; — achat d'eau-de-vie, 98 livres; — ra-
« tafia, 8 livres 6 sols; — fèves, riz et lentilles, 43 li-
« vres.

« Chapitre II. Viande. — Payé au sieur Prévost,
« boucher à Meaux, pour fournitures de viande pen-
« dant trois mois, 1,557 livres 3 sols; — à Jean, bou-
« cher de Marcilly, 4,057 livres 1 sol pour 11,592 li-
« vres de viande; — achat de 5 cochons, 65 livres; —
« pour lard, à 14 sols et 16 sols la livre, 67 livres
« 8 sols; — payé à un garde-chasse, pour 775 pièces
« de gibier, à 4 sols par tête, y compris les bêtes
« fauves, 154 livres 8 sols; — 800 livres de chandelle
« à 13 sols la livre, 520 livres.

« Chapitre III. Œufs et poisson. — Payé à madame
« Canda, pour poisson fourni depuis le 1er décem-
« bre 1784, jusqu'en 1785 inclusivement, 740 livres
« 10 sols; — aux pêcheurs, pour récompense, 12 li-
« vres; — 250 livres de carpes achetées à l'étang de
« Rougemont, à 15 sols la pièce, 187 livres 10 sols;
« brochets et tanches achetés au même lieu, 102 li-
« vres; — huîtres, 49 livres; — saumon frais, tant
« pour le carême que pour le courant de l'année,
« 238 livres; — payé à différents fermiers, pour

« 13,300 œufs, 205 livres 2 sols, à 10 et 14 sols le
« quarteron.

« Chapitre IV. Beurre et huile. — 1,640 livres 7 sols
« 6 deniers.

« Chapitre V. Franc salé et sucreries. — Pour
« 7 minots de sel, 454 livres 13 sols ; — frais franc-
« salé, 80 livres 1 sou ; — Gâteaux et échaudés, 90 li-
« vres 4 sols ; — biscuits, 28 livres 1 sol, etc. Total
« de la dépense d'une année, 47,893 livres. »

Ainsi les dépenses annuelles du monastère de
Fontaine s'élevaient à 47,893 livres, tandis que les
recettes étaient de 67,946 livres ; cependant on y vivait bien, ainsi que nous avons pu nous en convain-
cre. Voici, d'après les chiffres donnés plus haut, ce
que vaudraient en monnaie actuelle la viande de bou-
cherie, les œufs, le porc frais achetés en 1785 pour
l'usage du couvent de Fontaine. L'indication de cette
valeur relative est empruntée à l'histoire financière
de la France par Bally. Il en résulte qu'à Fontaine,
vers le milieu du siècle dernier, on payait en moyenne
la viande 58 centimes la livre, et les œufs frais 2 centimes pièce. Un cochon que l'on vendrait aujourd'hui
80 francs environ, y était acheté un peu plus de
20 francs.

Enfin les recettes générales du monastère peuvent
être évaluées à plus de 112,000 francs de monnaie
actuelle.

XXVII

FIEF D'IVRY

ET PARTIE DES FIEFS DE LA FONTAINE, D'ORLY ET DE LA TURELLE

Monseigneur René-Charles de Maupeou, chevalier, marquis de Morangle, premier président du parlement de Paris (1), était seigneur de ces quatre fiefs, dont il avait hérité de son oncle l'archevêque d'Auch. C'était un fort grand seigneur que M. le président de Maupeou, et fort peu disposé à se rendre à Oissery afin d'y prêter, tête nue et un genou en terre, hommage à sa dame suzeraine ; aussi obtint-il de madame

(1) Charles de Maupeou fut pendant quatorze ans premier président du Parlement de Paris, et pendant vingt-quatre heures chancelier de France. Son action sur la magistrature fut désastreuse. C'est l'époque des procès de Calas, de Sirven, de La Barre, du comte de Lally. Son fils, René-Nicolas-Charles de Maupeou, qui fut également premier président du Parlement et longtemps chancelier, a laissé une mémoire encore plus exécrée que celle de son père. Un des premiers actes de Louis XVI, en arrivant au trône, fut de lui enlever les sceaux.

la comtesse de Pontchartrain la permission de s'ac-
quitter à Paris même de ses devoirs de vasselage. La
cérémonie eut lieu à l'hôtel de Pontchartrain, situé
rue Neuve-des-Petits-Champs.

Les quatre fiefs dont avait hérité M. le président
de Maupeou étaient sans aucune importance. Le fief
d'Ivry comprenait dix arpents trois quartiers, le fief
Lafontaine, environ une dizaine, le fief d'Orly se
composait de deux arpents seulement, et celui de la
Turelle de quatre arpents 31 perches. A tous ses titres,
M. de Maupeou pouvait donc ajouter ceux de seigneur d'Ivry et de seigneur en partie de Lafontaine,
d'Orly et de la Turelle. S'il avait été moins grand
seigneur, sa vanité aurait pu en être flattée, mais le
président était un homme positif, et en additionnant
le domaine direct de ses quatre fiefs, il ne trouvait
en tout que 37 arpents de terre.

PIÈCES JUSTIFICATIVES

SALVAING. — *Usage des fiefs.*

LOYSEAU. — *Abus des justices de villages.*

Idem. — *Traité des seigneuries.*

BALUZE. — *Regum francorum capitularia.*

DUCANGE. — *Glossarium ad scriptores mediæ et infimæ latinitatis (édition Firmin Didot. Paris, 1844).*

BEAUMANOIR. — *Coutumes du Beauvoisis.* — *La Coutume de Meaux.*

FERRIÈRE. — *La Coutume de Paris résumée.*

LOYSEL. — *Institutes coutumières.*

CHANTEREAU-LEFÈVRE. — *Traité des fiefs et de leur origine.*

BRUSSEL. — *Nouvel Examen de l'usage général des fiefs en France pendant les* XIe, XIIe, XIIIe, XIVe *siècles (Paris, 1727).*

JACQUET. — *Des justices seigneuriales.*

DUMOULIN. — *Des fiefs.*

BOUTEILLER. — *Somme rurale.*

POQUET DE LIVONIÈRE. — *Traité des fiefs.*

CHAMPIONNIÈRE. — *De la propriété des eaux courantes.*

BALLY. — *Histoire financière de la France.*

HENRION DE PANSEY. — *Dissertations féodales.*

LE PÈRE ANSELME. — *Histoire généalogique et chronologique de la maison de France et des grands officiers de la couronne.*

DOM TOUSSAINT DUPLESSIS. — *Histoire de l'église de Meaux.*

GUIZOT. — *Essais sur l'histoire de France.*

SAINT-SIMON. — *Mémoires (édit. Cheruel).*

VICTOR OFFROY. — *Ma dernière gerbe.*

ARCHIVES DÉPARTEMENTALES DE SEINE-ET-MARNE. — *Cartulaire de l'église et prieuré de Fontaine au diocèse de Meaux. — Recettes ordinaires et extraordinaires du monastère de Fontaine, faites par sœur Louise-Adélaïde de Monserin, 1787. — Dépenses faites par sœur Jeanne Trémoulet, boursière du monastère de Fontaine, 1785.*

CHAPITRE IV

LES CENS, SURCENS ET AUTRES REDEVANCES SEIGNEURIALES DUES AU CHATEL D'OISSERY LA MALADRERIE D'OISSERY

Dans le chapitre précédent, nous nous sommes occupés des fiefs relevant du châtel d'Oissery; nous allons maintenant passer en revue les censives de cette importante châtellenie.

Les fiefs étaient dans l'origine des concessions de terre à charge de service militaire. Les censives étaient également des concessions de terre, mais à charge de culture. Aussi, le droit de possesseur des censives fut toujours plus précaire et moins puissant que celui du possesseur d'un fief. Ce fait se rattache à plusieurs causes : d'abord l'infériorité des personnes. Le feudataire fut originairement un militaire, par conséquent un noble; souvent le vassal fut l'égal du seigneur, et parfois plus puissant que lui; mais le censitaire occupa toujours une position plus humble, quoiqu'il pût le disputer parfois à son seigneur par ses richesses acquises ou héréditaires. Il lui fut toujours inférieur à raison de son rang et plus encore, parce qu'il n'était pas armé comme lui. Lorsque le régime féodal n'exista plus qu'à l'état de souvenir dont la loi des possessions fut un vestige, le possesseur des te-

nures roturières devint parfois, dans la société, l'égal
ou même le supérieur du propriétaire de la directe.
Mais les principes étaient posés, la terre était imbue
de la qualité qu'elle avait eue pendant plusieurs
siècles, et sa nature légale resta toujours inférieure à
celle du fief. Le censitaire fut non-seulement assujetti
comme le vassal aux droits de lods et ventes, pour
disposer de sa tenure, mais encore il n'eut ni le droit
d'en changer la culture, ni celui d'en jouir pleine-
ment; il lui fut interdit par la jurisprudence de l'af-
fecter de rentes ou d'hypothèques au-delà d'une certaine mesure; le seigneur y conserva le droit de chasse
à son exclusion, celui de pêcher dans les cours d'eau
ou d'en disposer à son gré, etc.

Le cens était dans toute l'étendue de la terre et châtellenie d'Oissery, de neuf deniers l'arpent, à l'excep-
tion de quelques fiefs, où il était plus considérable
et s'élevait à trois sols quatre deniers l'arpent. Les
droits de champarts devaient se payer en nature;
ils étaient de la dixième gerbe de tous grains récoltés
sur les terres soumises à la censive.

Les officiers des châtelains avaient le droit de choi-
sir eux-mêmes cette dixième gerbe que les censitaires
devaient faire transporter à leurs frais en la grange
seigneuriale. Cette dixième gerbe était, en certains
cas, convertie en blé ou en avoine, et alors la mesure
était le minot pour le blé et le razeau pour l'avoine.

Certains censitaires devaient, en outre, des pains destinés à la nourriture des cygnes.

En 1752, les cygnes et les étangs n'existaient plus depuis de longues années, mais la redevance dite des pains de cygne, subsistait encore.

Les héritages soumis à la censive étaient au nombre de quatre cent-treize. Quelques-uns étaient possédés par de puissants seigneurs ; quelques autres, et ceux-là plus nombreux, par l'Église ; d'autres, enfin, par des bourgeois et des paysans.

Clergé et noblesse ont disparu ; tandis que nous retrouvons aujourd'hui, parmi les possesseurs du sol, les descendants de ces vieilles familles du pays, qui étaient déjà propriétaires au xvie et au xviie siècle, comme les Daux, les Cocault, les du Sautoy, les de Lagarde, les Laurent-Labour, les de Cagny, les Emeri, les Picou, les Courtier, les Romtain, etc. Parmi les grands seigneurs, propriétaires de terres tenues en roture, nous citerons : le duc de Brancas, chevalier des Ordres du roi et de la Toison-d'Or, lieutenant-général des armées ; M. de Popincourt, d'une antique noblesse d'épée et de robe. C'est à cette famille qu'appartenait ce fameux Jean de Popincourt, qui fut au xive siècle premier président du Parlement de Paris et qui mourut, disent les chroniques, d'un excès de galanterie, dans une maison de campagne qu'il possédait près de Ménilmontant. Cette maison prit, à cause de son maître, le nom de Popincourt, et ce nom est resté à tout un quartier de Paris. Le marquis de Bellefonds, maréchal de France et écuyer de la Dauphine. Enfin le dernier prévost des marchands de Paris, l'infortuné M. de Flesselles, marquis de Brégy, massacré le 14 juillet 1789, jour de la prise de la Bastille. M. de Flesselles descendait de Philippe de Flesselles, seigneur de Brégy, médecin du roi François Ier. Il comptait également parmi ses ancêtres cette aimable comtesse de Brégy, dame d'honneur d'Anne d'Autriche, qui partagea dit-on, avec la reine, l'honneur d'être aimée par le cardinal Mazarin.

Nous avons cru devoir consacrer tout un chapitre aux biens d'Église situés en lacensive de la châtellenie d'Oissery, et un autre spécialement au couvent de Noëfort; mais avant de terminer ce chapitre, nous allons dire quelques mots de la maladrerie d'Oissery, qui était également un héritage censitaire.

La maladrerie d'Oissery fut fondée au xii° siècle, par les seigneurs des Barres. La lèpre faisait alors de tels ravages, qu'ils sentirent la nécessité d'établir un hôpital pour isoler les lépreux et préserver le pays de la contagion. Il ne paraît pas que des donations successives aient grandement accru les biens primitivement octroyés à cet établissement charitable ; car au milieu du xviii° siècle, nous trouvons que son domaine se compose de vingt-neuf arpents seulement.

Ces vingt-neuf arpents étaient loués quatre cent-quarante livres par an, ce qui était évidemment une somme insuffisante pour permettre à la maladrerie, quelque restreinte qu'elle fût, de fonctionner.

Aussi en 1788, la maison de l'hôpital, avec sa cour et son jardin potager fut-elle louée au curé d'Oissery, avec cette réserve cependant, « que dans le cas où le « rétablissement de l'hôpital aurait lieu dans le cours « du bail, celui-ci demeurait résilié et nul de plein « droit. »

En 1788, l'hôpital d'Oissery ne recevait donc plus de malades ; néanmoins ses propriétés continuaient à être administrés par une commission de cinq membres, et les revenus en étaient répartis entre les habitants pauvres et les malades d'Oissery, Il s'était transformé en une sorte de bureau de bienfaisance qui distribuait des secours à domicile.

La révolution, qui a détruit de si nombreux abus, a malheureusement fait également disparaître cette utile et modeste institution. Cependant, le décret de 1790, qui confisque les biens d'Église, ne parle pas de propriétés appartenant aux établissements hospitaliers.

PIÈCES JUSTIFICATIVES

Archives départementales de Seine-et-Marne. — La mala-drerie et l'hôpital d'Oissery.

MORERI. — *Dictionnaire historique.*

TORCY. — *Mémoires.*

La coutume de Meaux.

CHANTEREAU-LEFÈVRE. — *Traité des fiefs.*

CHAPITRE V

LES BIENS DE MAINMORTE

A OISSERY ET A SAINT-PATHUS

Les biens sis aux territoires d'Oissery et de Saint-Pathus appartenant au clergé, tant séculier que régulier, étaient fort nombreux avant la Révolution. Plus de quarante ordres religieux, chapitres, monastères et abbayes d'hommes et de femmes y avaient des propriétés de toute nature : bois, terres labourables, prés, chapelles, églises, couvent, maisons, etc.

Ces communes, qui comptent à elles deux 688 habitants, et dont le territoire est de 2,000 hectares, possédaient :

1° Une église collégiale, Saint-Germain d'Oissery, avec un chapitre de cinq chanoines.

2° Une église paroissiale, Notre-Dame de Saint-Pathus, avec un prieuré.

3° Un grand monastère de femmes, Saint-Nicolas de Noëfort.

4° Trois chapelles bien dotées : Notre-Dame des Barres, Sainte-Marguerite et Saint-Antoine.

Nous donnons à la suite de ce chapitre le tableau des propriétés de ces six établissements. Ce tableau indique les anciennes et les nouvelles mesures, et assigne à l'hectare une valeur moyenne actuelle de 3,000 fr.

Dans un second tableau nous indiquons les autres maisons religieuses qui, bien qu'étrangères à la localité, y avaient néanmoins des propriétés.

Quarante établissements religieux possédant 4 fermes, près de 500 hectares de terres labourables d'une valeur actuelle de plus de 1,500,000 fr., tel est le bilan exact des biens de mainmorte à Saint-Pathus et à Oissery avant la Révolution, et nous avons laissé de côté les dîmes, redevances, etc.!

Peut-on dire que ces nombreux établissements apportaient dans le pays quelque bien-être matériel et moral? Il en fut sans doute ainsi au moment de leur fondation. Rien de plus démocratique dans leur origine que les biens de mainmorte. L'Église arrachait ainsi une partie des choses terrestres à l'égoïsme de la propriété individuelle pour les mettre au service du bien public. Des plumes autorisées et indépendantes ont merveilleusement décrit les services considérables que les ordres religieux ont rendus alors à l'agriculture. Leurs terres étaient les mieux cultivées. Là où ils possédaient nous trouvons les paysans plus heureux, moins pauvres, moins ignorants; mais, au xviiie siècle, il n'en était plus ainsi. Pour nous renfermer dans la limite même des territoires des communes d'Oissery et de Saint-Pathus, qui nous occupent en ce moment, qu'y voyons-nous?

Les religieuses du grand monastère de Noëfort avaient émigré à Meaux vers le milieu du xvie siècle, à la suite des troubles qui signalèrent la minorité de Louis XIV. La collégiale d'Oissery, qui se composait de cinq chanoines, n'en avait plus qu'un seul, habitant à Oissery. Les autres profitaient des revenus et résidaient dans des diocèses étrangers, où ils remplissaient d'autres fonctions.

Depuis longtemps les chapelles Sainte-Marguerite, Saint-Antoine et Notre-Dame des Barres étaient sans chapelains, et leurs revenus grossissaient ceux des seigneurs d'Oissery, qui les distribuaient entre les officiers de leur maison. En réalité, avant la Révolution, comme maintenant, il n'y avait qu'un prêtre à Oissery et un autre à Saint-Pathus.

Assurément, ce n'était guère pour des communes, où les biens d'Église dépassaient 1,500,000 fr. Les ressources de ces deux prêtres n'étaient peut-être pas beaucoup plus considérables que ne le sont celles des curés actuels des deux paroisses.

L'absentéisme des propriétaires, qui a été pour l'Irlande une si grande cause d'appauvrissement, était donc largement pratiqué dans nos pays par les religieux réguliers et séculiers qui étaient possesseurs d'une grande partie du sol. Ce qui, de nos jours, a fait la ruine de l'Irlande ne pouvait être pour nos contrées, au dernier siècle, une source de prospérité.

ÉTABLISSEMENTS RELIGIEUX SIS A SAINT-PATHUS ET OISSERY

Nos. D'ORDRE	NOMS DES ÉTABLISSEMENTS	FERMES, bâtiments, cours et jardins.	Mesures anciennes — arpents	perch.	Mesures actuelles — hect.	ares	cent.	Valeur moyenne de l'hectare. fr.	VALEUR partielle. fr.	c.	VALEUR totale. fr.	c.
I	L'église Saint-Germain d'Oissery	1 ferme, 3 maisons avec jardin.	»	»	»	»	»	»	50.000	»	266.715	50
			141	45	79	23	85	3.000	216.715	50		
II	L'église de Saint-Pathus (fabrique et cure).	1 grange et 1 bû-cher.	»	»	»	»	»	»	1.000	10	68.121	10
			43	80	22	37	45	Id.	67.121	»		
III	Les dames religieuses du prieuré de Saint-Nicolas de Noéfort.	1 ferme, bâtiments, cours et jardins.	»	»	»	»	.	»	20.000	50	497.463	50
			311	64	159	15	45	Id.	477.463	»		
IV	Notre-Dame-des-Barres, fondée au château des Barres.		19	»	9	70	33	Id.	29.109	90	29.109	90
V	Le chapelain de la chapelle Sainte-Mar-guerite d'Oissery.		6	25	3	19	18	Id.	9.575	40	9.575	40
VI	Le chapelain de la chapelle Saint-Antoine.		61	24	32	27	52	Id.	96.825	60	96.825	60
	Totaux.		583	38	298	93	70		967.814	»	967.814	»

CHAPITRE VI

COUVENT DE SAINT-NICOLAS DE NOÉFORT
A SAINT-PATHUS

ÉTABLISSEMENTS RELIGIEUX ÉTRANGERS A LA LOCALITÉ

N°s D'ORDRE	NOMS DES ÉTABLISSEMENTS	FERMES bâtiments, cours et jardins.	TERRES Mesures anciennes		Mesures actuelles			Valeur moyenne de l'hectare.	VALEUR partielle.		VALEUR totale.	
			arpents	perch	hect.	ares.	cent.	fr.	fr.	c.	fr.	c.
I	Les seigneurs chapelains perpétuels de la Sainte Chapelle royale du Palais, à Paris.		»	93	»	45	51	3.000	1.365	30	1.365	30
II	MM. les vénérables doyen-chanoines du chapitre de l'église cathédrale de Meaux.		2	85	1	45	34	Id.	4.366	20	4.366	20
III	Les dames abbesse et religieuses de l'abbaye royale du Parc-aux-Dames en Valois.		2	25	1	14	90	Id.	3.447	»	3.447	»
IV	Les dames abbesse et religieuses de l'abbaye royal de Saint-Remy et Saint-Georges-les-Villers-Cotterets		5	37	2	74	24	Id.	8.227	20	8.227	20
V	Le sieur chapelain de la chapelle de Notre-Dame fondée et desservie dans l'église et paroisse de Saint-Agnan de Senlis.		14	88	7	52	02	Id.	22.587	60	22.587	60
VI	MM. les prêtres doyen chanoines et chapitre de l'église et Sainte-Chapelle royale de Saint-Frambourg de Senlis.		»	50	»	26	04	Id.	781	20	781	20
VII	La cure d'Ognes		1	44	»	73	54	Id.	2.206	20	2.206	20
VIII	Le sieur Chapelain de la chapelle Saint-Remy, fondée en l'église Notre-Dame de Paris		28	0	14	29	96	Id.	42.898	80	42.898	80
IX	La cure du Plessis-Belleville		»	37,5	»	19	13	Id.	574	50	574	50
X	Les dames supérieure et religieuses du monastère de la Présentation de Senlis.		2	04	1	04	18	Id.	3.125	40	3.125	40
XI	Le chapitre de l'église métropole de Notre-Dame de Paris		3	40	1	73	63	Id.	5.208	90	5.208	90
XII	L'église d'Ognes.		2	72	1	38	91	Id.	4.167	30	4.167	30
XIII	La cure et l'église de Villeneuve-sous-Dammartin		1	»	»	51	07	Id.	1.532	10	1.532	10
XIV	Le seigneur et fabrique de Tillay.		32	31	16	50	07	Id.	49.502	10	49.502	10
XV	Les dames carmélites du faubourg Saint-Jacques du Haut-Pas à Paris.		11	55	5	89	85	Id.	17.695	50	17.695	50
XVI	Le chapitre Saint-Saintin de Meaux		10	23	5	22	44	Id.	15.673	20	15.673	20
XVII	L'église de Silly.		1	56	»	79	66	Id.	2.389	80	2.389	80
XVIII	Les dames supérieure et religieuses du couvent de Sainte-Ursule de Crespy-en-Valois.		35	70	18	23	39	Id.	54.701	70	54.701	70
XIX	Le prieur du Saint-Sépulcre d'Allemagne		73	73	37	65	89	Id.	112.976	70	112.976	70
XX	M. l'abbé de l'abbaye royale de Notre-Dame de la Victoire-les-Senlis		50	75	25	91	78	Id.	77.753	40	77.753	40
XXI	La fabrique de Forfry.		»	50	»	25	52	Id.	765	60	765	60
XXII	La cure de Forfry.		2	50	1	27	64	Id.	3.829	20	3.829	20
XXIII	La fabrique de Saint-Sauveur de Paris.		5	60	2	85	99	Id.	8.579	70	8.579	70
XXIV	Les dames de Fontaine.	1 petite ferme, bâtiments et jardins .	»	»	»	»	»	Id.	10.000	»	46.341 { 10
	Id. Id.		23	72	12	11	37	Id.	36.341	10	
XXV	Le séminaire de Meaux, auquel est uni l'hôpital Jean-Rose	1 grande ferme, bâtiments, maison, cour et jardins .	»	»	»	»	»	Id.	15.000	»	38.073 { 30
	Id.		15	6	7	69	11	Id.	23.073	30	
XXVI	L'église du Plessis-Belleville		1	62	»	82	73	Id.	2.481	90	2.481	90
XXVII	L'église de Lagny-le-Sec		»	45	»	22	98	Id.	689	40	689	40
XXVIII	Les Pères carmes de Crégy-les-Meaux		»	84	»	38	30	Id.	1.149	»	1.149	»
XXIX	L'église Saint-Pierre de Brégy		»	21	»	10	72	Id.	321	60	321	60
XXX	La Chartreuse de Bourgfontaine		»	25	1	12	73	Id.	381	90	381	90
XXXI	M. l'abbé et les religieuses de Châlis-les-Senlis, ordre de Citeaux		8	87	4	52	90	Id.	13.587	»	13.587	»
XXXII	Les dames religieuses de Malnoüe.		»	»	»	»	»	»	»	»	»	»
	TOTAUX.		341	22,5	174	12	66		547.379	80	547.379	80

C'est en l'année 1127 (1) que Guillaume Ier des Barres, seigneur d'Oissery, fonda le prieuré Saint-Nicolas de Noëfort. Guillaume des Barres était le fils de Fredulus des Barres, qui prit part à la première croisade. La maison des Barres brilla d'un vif éclat au moyen âge, et les premières pages de l'histoire capétienne nous montrent les sires d'Oissery guerroyant avec le roi de France ou l'assistant de leurs conseils. En fondant le couvent Saint-Nicolas de Noëfort, Guillaume suivait ce grand mouvement religieux qui se produisit au xiie siècle et que favorisèrent Hugues-Capet et ses successeurs.

C'est en effet vers cette époque que Bruno de Cologne, savant théologien, fondait en Dauphiné la Chartreuse, que saint Robert construisait l'abbaye

(1) La date de 1127 est celle donnée par le cartulaire du prieuré de Noëfort, copié mot à mot sur un manuscrit du xve siècle, qui se trouvait dans la bibliothèque de M. de Coislin, évêque de Metz; cependant le rouleau mortuaire de saint Bruno, publié par M. Léopold Delisle dans la collection des mémoires relatifs à l'histoire de France, constate qu'en 1102 des prières furent dites à Saint-Nicolas de Noëfort pour le repos de l'âme de saint Bruno, décédé l'année précédente.

de Molesme, puis se retirait à Cîteaux, où il renouve-
lait toute la rigueur de la règle primitive de saint Be-
noît.

La rigidité des statuts imposés aux moines de Cîteaux plut au génie austère et contemplatif de saint
Bernard. Il choisit cet ordre et accrut, par sa réputation de sainteté, la bonne renommée du nouveau monastère.

C'est sous l'influence prédominante alors de ce saint
illustre que Guillaume Ier des Barres fonda le couvent de Noëfort. Comme à Clairvaux, où venait de
s'établir saint Bernard, après avoir quitté Cîteaux,
qui n'était plus assez vaste pour le contenir, le travail
fut imposé aux religieuses de Noëfort, ainsi que le
maigre perpétuel. Telle était la faveur dont jouissait
à cet époque l'ordre de Cîteaux que dans l'espace de
quelques années dix-huit cents maisons d'hommes et
quatorze cents maisons de femmes furent élevées.

Le nombre des religieuses du couvent de Noëfort
s'accrut avec une rapidité prodigieuse et Pierre de
Cuisy, évêque de Meaux, dut prendre, en 1224, des
mesures pour arrêter ce développement, qu'il jugeait
excessif. Au dire de dom Toussaint Duplessis, les revenus du couvent n'étaient plus en rapport avec l'ac-
croissement des religieuses ; et ces pieuses filles, qui
édifiaient le diocèse par leur sainteté, étaient sur le
point de tomber dans une extrême misère. Le pape

Honoriûs III fut obligé d'intervenir lui-même et de mettre un frein à cette piété ardente qui entraînait toutes les filles de nos contrées vers le saint monastère de Noëfort.

Si le couvent de Noëfort doit sa fondation au sire d'Oissery, il eut, presque dès son origine, comme bienfaitrice, une puissante princesse en la personne de Marie, comtesse de Champagne, fille de Louis VII et sœur de Philippe-Auguste. Au nombre de ses plus anciens bienfaiteurs figurent encore Éléonore, comtesse de Saint-Quentin et de Valois, Guy, vicomte de Dammartin, et Pierre, vicomte de Crécy (1177).

La réputation du couvent de Noëfort s'étendait au loin et les différentes abbayes de France ne manquaient pas d'y envoyer les rouleaux mortuaires des hauts personnages pour lesquels on réclamait les prières de l'église ; ainsi on y pria pour saint Bruno, et pour Guillaume des Barres. Nous voyons également en 1305 les religieux de Saint-Pierre-Mont réclamer, dans un latin qui indique leur profonde ignorance de la grammaire, des prières pour les âmes de leurs deux derniers abbés.

Tandis qu'en général les congrégations aspiraient à se rendre indépendantes des évêques, les religieux ou religieuses qui suivaient la règle de Cîteaux leur promettaient au contraire une soumission entière. Cependant on n'évitait pas encore toute espèce de froissement avec le clergé séculier. Il paraît même qu'en 1258 des difficultés assez graves étaient survenues entre l'église de Noëfort et le curé de Saint-Pathus « sur ce que le dit prestre voulait avoir droit « paroissial, disant que les prestres de ladicte esglise « ne devoient admettre ses paroissiens à recevoir « l'habit de religieux sans sa licence. » L'abbé de Chaage, choisi comme arbitre par les partis, eut beaucoup de peine à apaiser la querelle.

Mais une époque approchait où ces différends entre les prêtres de Saint-Pathus et ceux de Noëfort, qui avaient un instant passionné les esprits, devaient faire place à des événements bien autrement graves et de nature à menacer l'existence même du couvent. La lutte avec les Anglais, les guerres de religion, et enfin la Ligue désolèrent nos contrées et réduisirent nos ancêtres à un degré de misère tel qu'on a peine à se l'imaginer.

La guerre que les premiers Valois soutinrent contre l'Angleterre, la Jacquerie qui en fut la conséquence, livrèrent les environs de Noëfort à la fureur d'une infinité de brigands qui pillaient les monastères et massacraient impunément les ecclésiastiques. Le couvent de Fontaine fut saccagé ; le prieuré de Nanteuil le Haudoin brûlé, et telle fut la misère de cette époque néfaste, que les terres environnant le couvent de Noëfort restèrent plusieurs années dé-

sertes et en friche. Les scènes d'horreur qui se pas-
sèrent dans nos malheureux pays sont à peine
croyables.

A Nanteuil-le-Haudoin, le prieur, nommé Jean
Cousin, a un différend futile avec le jeune Renaud de
Pacy, fils de son seigneur, et à peine âgé de dix-huit
ans. Il est saisi par les valets de ce dernier et frappé
de tant de coups de bâtons qu'il meurt quelques jours
après. Le roi Charles VI, alors régnant, ne trouva
rien à redire à un tel forfait.

A May-en-Multien, les sires de Girême épouvan-
tent l'imagination par leur cruauté. Un seigneur de
cette maison voulut éprouver un jour lequel d'un
homme roux ou d'un homme noir vivrait le plus
longtemps sans nourriture. Il les enferma l'un et
l'autre. Le roux survécut au noir. Les femmes rede-
mandèrent leurs maris; il les rendit l'un mort et
l'autre expirant. Et cependant cette maison de Girême
eut l'honneur de fournir un évêque à l'église de
Meaux!

Enfin, partout dans le diocèse le bâtard de Wauru
promena ses sanglantes exécutions. Un jeune laboureur des environs de Meaux tomba entre ses mains;
il le lia à la queue de son cheval et le traîna ainsi
jusqu'à la ville. Ce jeune homme manda à sa femme
l'état déplorable où il se trouvait; celle-ci, qui était
enceinte, vint se jeter aux pieds du sire de Wauru.

Une rançon fut exigée; elle vint à bout de la trouver, mais la femme l'apporta après le délai fixé. Elle donne son argent; on lui dit alors que son mari avait été tué. Dans son désespoir, elle se met à reprocher au bâtard sa cruauté. Le sire de Wauru la fait rouer de coups de bâtons ordonne qu'on la pende par-dessous les bras à un arbre voisin et lui fait couper les vêtements de bas en haut jusque par-dessus la ceinture. Là cette pauvre femme fut prise des douleurs de l'enfantement; des loups affamés s'élancèrent sur elle et lui déchirèrent le ventre : elle expira sous leurs dents.

Malgré toutes ces atrocités qui se passaient autour d'elles, les religieuses de Noëfort restèrent dans leur couvent, mais bien tremblantes, bien épouvantées. Leur nombre ne s'accroissait plus comme sous le pontificat d'Honorius III, et leur petite communauté avait quelque peine à se soutenir, mais enfin elles n'émigrèrent pas alors à Meaux comme leurs voisines de Fontaine.

Vers 1460, le calme se rétablit un peu dans nos contrées; et les règnes de Louis XI, Charles VIII et Louis XII furent une période de calme relatif qui, hélas! ne devait pas durer longtemps, car la Réforme approchait, et elle occasionna à Meaux et dans les environs de grands troubles.

Les abus étaient considérables, et Guillaume Briçonnet (1), qui occupait alors le siége épiscopal, constatait lui-même, en 1524, que, dans tout le diocèse, il n'y avait pas quatorze prêtres en état d'enseigner les vérités de la religion. Meaux embrassa avec ardeur les idées nouvelles, et Lenfant affirme dans ses mémoires qu'en 1558 on ne trouvait pas plus de douze familles catholiques dans cette partie de la ville qu'on appelle le marché, et qui cependant contenait douze cents ménages. La lutte entre catholiques et protestants fut terrible. Nos malheureux villages furent témoins des scènes les plus sanglantes. Presque chaque année amenait un désastre nouveau. En 1560, les huguenots livrent au pillage les églises de Coulommes, de Penchard, de Vareddes, etc. En 1562, les chanoines de la cathédrale sont chassés et obligés de se réfugier à Dammartin. En 1567, Charles IX se rendant de Monceaux à Paris est attaqué, à quelques lieues de Noëfort, à Messy, par le prince de Condé. En 1572, le massacre de la Saint-Barthélemy ensanglante Meaux. Les protestants sont assassinés dans les prisons avec un raffinement de cruauté inoui ; Faron Haran, l'un d'eux, a le nez, les oreilles

---

(1) Guillaume Briçonnet était le fils du cardinal de ce nom, qui, avant d'entrer dans l'état ecclésiastique, était général des finances et argentier du roi Charles VIII, La famille Briçonnet doit être compté parmi ces petites gens dont Louis XI aimait à s'entourer, et qu'il éleva aux plus hautes dignités en haine et défiance de la grande noblesse.

et les parties sexuelles coupés, et ce n'est qu'après
lui avoir fait subir ces mutilations qu'on lui donne le
coup de grâce. Les châteaux de Dammartin, d'Oissery et de Monthyon tombent tour à tour entre les
mains des protestants et des catholiques.

La Ligue vient mettre le comble aux infortunes de
nos contrées ; tout est à feu et à sang ; les garnisons
d'Oissery et de Dammartin se livrent à des dépréda-
tions de toutes sortes. L'hiver de 1590-1591 est surtout terrible pour les pauvres religieuses de Noëfort.
Presque chaque jour les châteaux de Monthyon et
de Dammartin vomissent sur nos campagnes des
bandes armées qui rentrent le soir chargées de
butin.

Le jour de Pâques 1591, les religieuses assistaient
à l'office divin, quand un grand cliquetis d'armes se
fit entendre. On apprit presque aussitôt que Pierre
de Brie, surnommé Bassemaison, qui occupait le
château de Monthyon pour la Ligue, était descendu
dans la plaine avec ses hommes. L'alarme fut grande ;
plus d'une religieuse recommanda son âme à Dieu.
On ferma les portes du couvent, précaution bien
vaine ; comment opposer une résistance sérieuse !
Mais, au bout de quelques instants, le bruit avait
cessé : le terrible Bassemaison n'avait fait que passer.
Ce jour-là, ni Saint-Pathus, ni Noëfort n'eurent à
souffrir de sa cruauté ; mais on apprit, sur le soir,

que le Plessis-Belleville avait été saccagé. Bassemaison et ses soudards étaient entrés dans l'église du
Plessis, où ils avaient trouvé la population en prières;
ornements et vases sacrés étaient devenus leur proie.
Ils avaient tout pillé, tout emporté, tout, jusqu'aux
vêtements des femmes, qu'ils avaient forcées de ren-
trer entièrement nues chez elles.

L'émotion ressentie par les religieuses de Noëfort
fut telle qu'elles résolurent d'aller chercher à l'abri
des murailles d'une grande ville une tranquillité que
ne leur offrait plus le monastère. Le pillage du château de Boissy par les gens du duc de Parme, qui
eut également lieu cette année, ne put que les en-
courager dans leur résolution.

Cependant on approchait d'une époque plus tran-
quille. Le dernier jour de cette même année 1691,
Henri IV entrait dans Dammartin et y recevait la soumission de la ville de Meaux. Une ère nouvelle allait
s'ouvrir pour la France; les religieuses différè-
rent leur départ. Mais les troubles de la minorité de
Louis XIV, en leur rappelant les dangers courus
par leurs devancières, les firent revenir à leur premier projet; elles résolurent de fixer leur résidence
à Meaux, et, après avoir demeuré plus de cinq cents
ans à Noëfort en la paroisse de Saint-Pathus, elles
allèrent s'établir au faubourg Saint-Nicolas, à Meaux,
où elles sont restées jusqu'à la Révolution.

Les bâtiments du couvent furent convertis en une vaste exploitation agricole.

Voici en quoi consistait, en 1672, le domaine des religieuses de Saint-Nicolas de Noëfort : « La ferme « de Noëfort comprenait deux cents arpents de terres « labourables et prés, une maison, coulombier, deux « estangs, neuf arpents, trois quartiers de bois et jar- « dins, avec six vingts arpents de terre démembrés « de la ferme de Saint-Pathus, soixante-sept arpents « soixante et une perches de terre à Lagny-le-Sec ; « des maisons à Saint-Pathus, appelées : la Grande- « maison, la maison de Sainte-Barbe et autres avec « jardins et terres en dépendant. Grains à prendre et « percevoir sur les dîmes de Silly, sur les dîmes du « Bassin, etc. »

Terminons ce chapitre par la liste des Révérendes Dames prieures de Noëfort pendant les deux derniers siècles de l'existence de ce monastère :

« Marie de La Rochefoucauld (1) ; — Françoise « Daïdie de Ribérac ; — Catherine-Scolastique de « Pommereul ; — Marie de Grieu ; — Geneviève Lé- « ger ; — Marie-Françoise de Richelieu (2) ; — Claude-

(1) Marie de La Rochefoucauld, religieuse du Paraclet, prieure de Noëfort, était fille de Louis de La Rochefoucauld, seigneur de Montendre, de Montguyon, etc., et de Jacquette de Mortemer. Elle était petite-fille de François Ier de La Rochefoucauld, qui eut l'honneur d'être le parrain du roi François Ier.

(2) Marie-Françoise de Wignerod du Plessis-Richelieu, née le 27 décembre 1655, était fille de Jean-Baptiste Amador, marquis

« Thérèse Audan de Montmarson, Nicole Verdun,
« dite de Sainte-Cécile; — Marie-Geneviève Léger;
« — Marie-Bénédicte, Marie-Scolastique et Margue-
« rite de Séton; — Marie-Catherine de Beaubois; —
« Marie-Denise de Grieu; — Françoise Ganneron;
« — Louise de Marigny; — Louise Vernon; — Ge-
« neviève-Marguerite Bulet; — Madeleine-Catherine
« Touret; — Marie-Angélique Thérouenne; — Cathe-
« rine-Emilie Duport de Poncharra, etc. »

de Richelieu, lieutenant-général des armées du roi, gouverneur
du Havre, et de Jeanne-Baptiste de Beauvais de Gentilly, qui
était elle-même fille de Henriette Bellier, femme de chambre fa-
vorite de la reine Anne d'Autriche.

PIÈCES JUSTIFICATIVES

ARCHIVES DÉPARTEMENTALES DE SEINE-ET-MARNE. —
Cartulaire du prieuré de Noëfort. — *Traité passé entre
l'église de Noëfort et le curé de Saint-Pathus.* — *Som-
maire général des revenus du prieuré de Saint-Nicolas
de Noëfort.* — *Inventaire des titres, registres et papiers
composant les archives de la communauté des religieuses
bénédictines du prieuré de Noëfort.*

DOM TOUSSAINT-DUPLESSIS. — *Histoire de l'église de
Meaux.*

LENFANT. — *Mémoires.*

BLONDEAU DE CHARNAGE. — *Cabinet généalogique.*

CLAIRAMBAULT. — *Cabinet généalogique.*

LÉOPOLD DELISLE. — *Rouleaux des morts recueillis et
publiés par ordre de la société de l'histoire de France.*

NOTICE BIOGRAPHIQUE

ET ARMORIAL DES SEIGNEURS D'OISSERY

Depuis le XIIᵉ siècle jusqu'à la Révolution

I

MAISON DES BARRES

D'azur,
à la tour d'argent
maçonnée de sable,
accostée
de deux fleurs
de lys d'or.

FREDULUS DES BARRES. — Le plus ancien seigneur connu d'Oissery, prit part aux premières croi-
sades — il eut sept fils, dont Guillaume Ier des Barres
qui suit. Le sceau de ce seigneur est de forme ellip-
tique. Dessus est gravé un château à trois tours, dont
le donjon domine au centre. C'est une allégorie des

trois juridictions féodales, haute, moyenne et basse justice.

GUILLAUME I⁰ʳ DES BARRES fit également le voyage de la Terre-Sainte. Le cartulaire du prieuré de Noëfort le désigne comme le fondateur de cet important monastère. Il avait épousé Hélisende, dame de Chaumont, dont il eut huit enfants.

GUILLAUME II DES BARRES, fils aîné de Guillaume I⁰ʳ, est le plus illustre des seigneurs de cette maison. Il fut grand sénéchal du roi Philippe-Auguste et prit part à toutes les guerres de ce prince. Il commandait la cavalerie française à Bouvines où il se couvrit de gloire. Tous les chroniqueurs s'accordent à le signaler comme un des plus grands capitaines de son siècle et le surnomment l'Achille de son temps. Il mourut en 1234, dans un âge très-avancé, après avoir protégé les premières années du roi Louis IX. Le sceau de Guillaume II est de forme circulaire et assez semblable à celui de son aïeul. Cependant le donjon y est crénelé de six pièces et maçonné plus régulièrement; il est accosté de deux fleurs de lys, pièces honorables accordées par le roi Philippe-Auguste, à ce seigneur pour ses hauts faits d'armes.

GUILLAUME III DES BARRES se croisa en 1209 pour la défense de la religion contre les hérétiques albigeois. Il épousa Héloïde, sœur de Jean Bristaud, seigneur de Nangis, et eut deux fils dont Jean qui

suit. Il mourut vers 1249, à l'âge de soixante-cinq
ans.

JEAN DES BARRES est le dernier des seigneurs
d'Oissery appartenant à la maison des Barres. Il est,
comme ses ancêtres, qualifié de seigneur d'Oissery,
Forfry, Saint-Pathus, Silly et Ognes. Il se distingua,
bien jeune encore, à la prise du pont de Taillebourg
en 1242. Emporté par sa valeur, il se lança à la pour-
suite des Anglais et fut fait prisonnier. Guillaume de
Nangis le signale parmi les seigneurs qui accompa-
gnèrent saint Louis en Terre-Sainte. Il mourut en
1288, dix-huit ans après le roi dont il avait été l'ami,
et neuf ans seulement avant la canonisation de ce
prince.

II

MAISON DE CHABOT

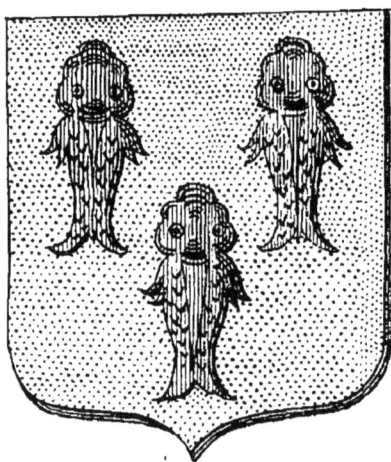

*D'or
à trois chabots
de gueules.*

MARGUERITE DES BARRES, DAME DE CHABOT,
hérita de son père, qui n'avait pas laissé d'hoir mâle,
des seigneuries d'Oissery, Saint-Pathus, Forfry, Silly
et Ognes. Elle épousa, vers 1280, Gérard Chabot,
baron de Retz, seigneur de Marchetout, Belloville, etc.
qui appartenait à une ancienne et illustre maison du
Poitou. Gérard Chabot fit en 1285 le voyage d'Aragon

avec le roi Philippe III, pour tirer vengeance des Vêpres Siciliennes. Il mourut entre 1295 et 1299, ne laissant qu'une fille.

GÉRARDE CHABOT, héritière du chef de sa mère, Marguerite des Barres, des seigneuries d'Oissery, Saint-Pathus, Forfry, etc., les apporta en dot à son mari Guillaume d'Yvry, appartenant à l'ancienne maison normande de ce nom.

III

MAISON D'IVRY

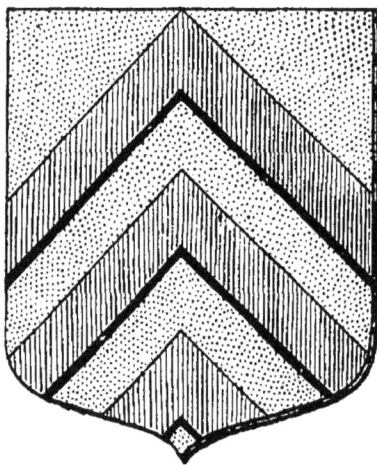

*D'or
à trois chevrons
de gueules.*

GUILLAUME II D'YVRY, fils de Gérarde Chabot
et de Guillaume d'Yvry, devint par la mort de sa mère
seigneur d'Oissery. Il épousa vers 1260, Marie de
Montmorency, fille de Charles de Montmorency, chevalier, conseiller et chambellan des rois Philippe de
Valois et Jean le Bon, grand panetier et maréchal de

France. Il mourut jeune, laissant ses deux fils sous la tutelle de leur mère, qui se remaria à Jean de Chastillon, souverain maître de l'hôtel de la reine.

CHARLES D'YVRY, baron d'Yvry, était conseiller et chambellan du roi Charles VI.

Il fut successivement ambassadeur en Bretagne, en Brabant et en Angleterre.

Il remplit également les importantes fonctions de souverain maître et réformateur des eaux et forêts de France, mais, odieusement accusé de trahison, il se vit forcé de résigner sa charge en 1412. Il combattit vaillamment à Azincourt, où il fut tué en 1415, en compagnie de huit mille gentilshommes français. L'héroïsme de sa mort·suffit pour démontrer la fausseté de l'accusation portée contre lui. Avec Charles d'Yvry s'éteignit la lignée des seigneurs d'Oissery appartenant à la maison d'Yvry.

La châtellenie d'Oissery passa alors dans la maison d'Estouteville, maison d'origine fort ancienne et dont le fondateur Robert, surnommé Grand-Bois, accompagna Guillaume le Bâtard à la conquête de l'Angleterre, en 1066.

IV .

MAISON D'ESTOUTEVILLE

*Burelé d'argent
et de gueules de dix pièces
au lion de sable
brochant sur le tout
armé, lampassé
et couronné d'or qui est
d'Estouteville.*

ROBERT D'ESTOUTEVILLE fut le premier seigneur d'Oissery appartenant à cette maison. Il portait le titre de baron de Saint-André et fut successivement chambellan des rois Charles VII et Louis XI. Il se trouvait en 1465 au combat de Montlhéry.

JACQUES D'ESTOUTEVILLE hérita en 1479 de la

châtellenie d'Oissery. Il épousa Gillette de Coétivy,
fille d'Olivier de Coétivy et de Marguerite, bâtarde de
Valois, fille naturelle du roi Charles VII et d'Agnès
Sorel. La petite-fille du roi avait été richement dotée.
Elle apporta à Jacques d'Estouteville 12,000 écus d'or,
somme énorme pour l'époque.

MARIE D'ESTOUTEVILLE, seconde fille de Jacques d'Estouteville, est qualifié de baronne d'Ivry et
de Saint-André en la Marche. Elle hérita de son père
de la seigneurie d'Oissery et épousa Gabriel, baron
d'Alègre, seigneur de Saint-Just et de Millau, chambellan du roi Louis XII et prévost de Paris en 1512.
Ils eurent cinq fils dont trois moururent sans posté-
rité. Gabriel d'Alègre décéda en 1540.

La maison d'Alègre est ancienne ; elle porta d'abord
le nom de Tourzel, et a pour premier auteur connu,
messire Assaillit de Tourzel, qui vivait en 1275.

V

MAISON D'ALÈGRE

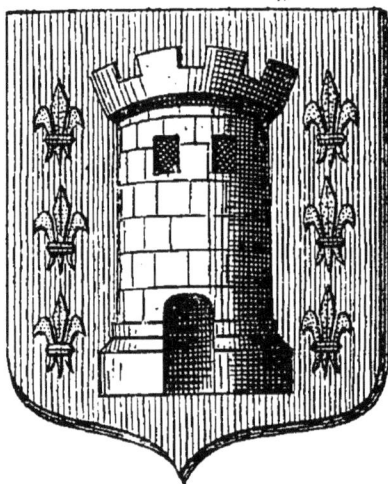

De gueules,
à la tour d'argent,
maçonnée de sable,
accompagnée
de six fleurs de lys d'or,
posées en pal.

CHRISTOPHE Ier D'ALÈGRE, quatrième fils de Gabriel d'Alègre et de Marie d'Estouteville, hérita de la
seigneurie d'Oissery. Il épousa en 1536, Antoinette du
Prat, fille d'Antoine du Prat, seigneur de Nantouillet,
et petite-fille du fameux Antoine du Prat, chancelier
de France sous François Ier, qui, après la mort de sa

femme, se fit d'Église et devint évêque de Meaux et cardinal. C'était évidemment là un mariage d'argent. Les du Prat comptaient plus d'écus que d'aïeux ; le voisinage y fut sans doute aussi pour quelque chose. Nantouillet, la splendide résidence des du Prat, n'était qu'à trois lieues du vieux manoir d'Oissery.

FRANÇOIS D'ALÉGRE devint à la mort de son père seigneur d'Oissery, mais il ne lui survécut que deux ans et mourut en 1542, à l'âge de vingt-sept ans, laissant sa châtellenie à son frère puîné.

CHRISTOPHE II D'ALÈGRE mourut à Berne, en 1580, âgé de cinquante-cinq ans. C'est en sa faveur et afin de reconnaître les services rendus par les seigneurs de la maison d'Alègre aux rois ses prédécesseurs, que Henri III érigea en 1576, la baronnie d'Alègre en marquisat.

CHRISTOPHE III D'ALÈGRE succéda à son père. Il épousa Louise de Flagheac, fille de Pierre de Flagheac, baron de Flagheac et de Villemomble. Il mourut en 1640.

LOUIS d'ALÈGRE ne vécut qu'un petit nombre d'années. Il fut tué pendant la guerre de Lorraine, la seigneurie d'Oissery passa à son frère.

EMMANUEL d'ALÈGRE, cinquième fils de Christophe III, épousa Marie de Rémond, fille du baron de Modène et fut le père d'Yves d'Alègre.

YVES D'ALÈGRE, qualifié marquis d'Alègre et de

Tourzel, fut fait maréchal de France, le 2 février 1724. La carrière militaire du maréchal d'Alègre fut des plus honorables. Blessé à la bataille de Fleurus en 1690, à celle de Steinkerque, en 1692, il se signala à la journée de Nimègue, fut fait prisonnier et emmené en Angleterre le 18 juillet 1705, et enfin força avec le maréchal de Villars le camp des Impériaux, près Fribourg, en 1712.

Il eut le chagrin de perdre de son vivant son fils unique. Il mourut en 1730 et fut le dernier des seigneurs d'Oissery de cette illustre maison d'Alègre, qui avait possédé cette châtellenie pendant plus de deux siècles.

VI

MAISON DANYCAN DE LANDIVISIAU

D'azur,
au globe terrestre d'or,
soutenu d'un vol
et surmonté
d'une étoile de même.

MESSIRE DANYCAN, seigneur de Landivisiau et de Rieux, maréchal de camp des armées du roi, se rendit acquéreur de la châtellenie d'Oissery. Il appartenait à une vieille famille d'armateurs du Cotentin, établie à Saint-Malo en 1640. Son père, Noël Danycan et ses deux oncles Louis-Paul et Joseph Danycan, armèrent à leurs frais huit vaisseaux pour s'emparer des côtes de Terre neuve. C'étaient de hardis navigateurs et de riches commerçants. Pour donner une idée de leur fortune, il suffit de dire qu'ils prêtèrent quatorze millions au roi Louis XIV. La seigneurie d'Oissery ne resta pas longtemps entre leurs mains. En effet, notre terrier nous indique qu'en 1745, Oissery passa à la maison de Pontchartrain.

VII

MAISON DE PONTCHARTRAIN

*D'azur, semé
de quarte feuilles d'or
au franc quartier
d'hermine.*

HÉLÈNE DE L'AUBESPINE DE VERDERONNE, COMTESSE DE PONTCHARTRAIN, épouse de Jérôme Phélypeaux, comte de Pontchartrain et de Maurepas, ministre de la marine, et fils du fameux chancelier de Pontchartrain acheta la seigneurie d'Oissery en 1745, mais l'état embarrasé de sa fortune ne lui permit pas de la garder. Elle la vendit en 1763 au prince de Conti.

VIII

MAISON DE BOURBON-CONTI

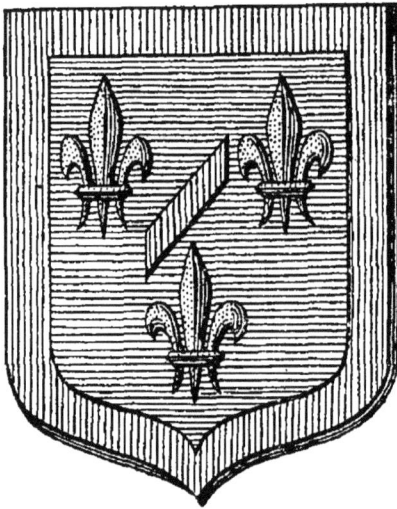

De France
à la bordure et bâton
de gueules en bande.

LOUIS - FRANÇOIS - JOSEPH DE BOURBON, PRINCE DE CONTI, dernier seigneur d'Oissery était fils unique de Louis-François de Conti, qui fut un général de quelque mérite, et arrière petit-fils du fameux prince de Conti, neveu et élève du grand Condé. Le prince de Conti porta d'abord le titre de comte de la Marche. Hostile à toute réforme en 1789, il signa la protestation des princes et sortit de France un des premiers. Esprit mobile, il y rentra en 1790, prêta le serment civique et se tint dans ses terres jusqu'à son arrestation en 1793. Il fut détenu à Marseille avec les princes d'Orléans ses cousins. Mis en liberté en 1795, le Directoire le fit ensuite conduire à la frontière d'Espagne. Il se réfugia à Barcelonne où il mourut en 1814.

Il avait vendu en 1791, au sieur Brodelet, sa terre d'Oissery. La maison de Bourbon-Conti s'éteignit en sa personne.

Commencée au xie siècle avec Frédulus des Barres, la liste des seigneurs d'Oissery se termine à la fin du xviiie siècle avec le dernier prince de Conti. Nous y trouvons deux maréchaux de France, Guillaume des Barres et Yves d'Alègre; trois chambellans du roi, Charles d'Yvry, Robert d'Estouteville qui fut en même temps prévost de Paris, et Gabriel d'Alègre, également prévost de Paris; un ministre de la marine, Phélypeaux de Pontchartrain; enfin un prince du sang, Louis-François-Joseph de Bourbon, prince de Conti.

PIÈCES JUSTIFICATIVES

DUCHESNE. — *Histoire de la maison de Montmorency*.

Idem. — *Histoire de la maison de Chastillon*.

LE PÈRE ANSELME. — *Histoire généalogique de la maison de France et des grands officiers de la couronne*.

LE PÈRE DANIEL. — *Histoire de France*.

GUÉRIN DE LA GRASSERIE. — *Armorial de Bretagne*.

POTIER DE COURCY. — *Nobiliaire de Bretagne*.

BIOGRAPHIE UNIVERSELLE.

D. TOUSSAINT-DUPLESSIS. — *Histoire de l'église de Meaux*.

GRÉSY. — *Notice généalogique sur Jean des Barres*.

D. PLANCHET. — *Histoire générale et particulière de Bourgogne*.

GUILLAUME DE NANGIS. — *Gallia Christiana*.

DE COURCELLES. — *Histoire générale des pairs de France*.

MORERI. — *Dictionnaire historique*.

VIII

ÉTAT DE LA PROPRIÉTÉ FONCIÈRE

A LA FIN DU XVII° SIÈCLE ET AU COMMENCEMENT DU XVIII°

Montesquieu dit avec raison que pour juger les hommes et les choses il faut leur passer les préjugés de leur temps. Cette règle d'équité a été la mienne. J'ai constaté, mais non pas commenté, les étranges abus du régime féodal. Arrivé presque au terme de mon travail, je n'ai pas voulu quitter la plume sans examiner brièvement le résultat, à coup sûr imprévu pour moi, où m'a conduit l'étude consciencieuse à laquelle je me suis livré.

C'est une idée communément reçue que le morcellement des terres, regardé par quelques-uns comme un malheur, et par beaucoup comme un bienfait, est d'origine toute récente et ne remonte pas plus haut que le code Napoléon.

L'examen attentif que j'ai fait du terrier d'Oissery m'a démontré le contraire. Cette opinion, je le sais, semble presque un paradoxe, et c'est maintenant surtout que j'invoque l'autorité de Montesquieu pour prier ceux qui me liront d'oublier un peu les préjugés de notre temps.

Volontiers nous pensons que, semblable à la Mi-

nerve antique qui sortit un jour tout armée de la
tête de Jupiter, la société moderne a surgi tout d'une
pièce, entre 1789 et 1791. C'est là une erreur. Il me
semble que l'on pourrait comparer la vieille monar-
chie française à ces réservoirs des montagnes, qui ne
sont pas des sources, mais qui les recueillent, et la
Révolution aux fleuves qui sortent de ces réservoirs
et se répandent dans les plaines. Ce ne sont pas les
réservoirs des montagnes que nous admirons, et cependant sans eux que seraient les fleuves qui fertili-
sent nos campagnes?

Nous sommes justement fiers de notre code civil;
mais il était dans nos mœurs avant d'être dans nos
lois. S'il est vrai, comme on l'a dit et comme je le
crois, que le plus grand bien qui se puisse accomplir
c'est de rendre propriétaire, sans dépouiller personne,
l'homme qui n'est que mercenaire, et de donner la
terre au laboureur, il est certain, en droit, que la législation ancienne n'était pas aussi contraire qu'on le
suppose à la division de la propriété, et, en fait, le
terrier d'Oissery est là pour attester que le morcellement des terres était déjà très-grand avant la Révolution. Quelques mots et quelques chiffres suffiront
pour démontrer l'exactitude de cette thèse qui, je le
répète, n'est pas un paradoxe, mais une vérité mé-
connue.

La législation n'apportait pas à la division des terres

d'aussi nombreux obstacles qu'on le dit générale-
ment. Le droit d'aînesse ne s'exerçait que pour les
terres nobles et n'était le plus souvent qu'illusoire. Il
consistait en ce que l'aîné avait les meubles, le château principal avec le vol du chapon, c'est-à-dire
quatre arpents de terre autour du château, et les
deux tiers tant en fief qu'en roture de la succession
directe; l'autre tiers était partagé également entre
les autres enfants. Mais ce droit d'aînesse n'existait
pas pour les roturiers, et leurs successions se divi-
saient par tête. Il est donc certain que ce régime,
prolongé pendant des siècles, devait amener, comme
il le fit en réalité, une grande division du sol.

Notre terrier prouve de la façon la plus absolue
que le morcellement de la propriété foncière existait dans nos pays bien avant 1789. Sans prétendre
généraliser les conclusions de cette étude, nous pensons que ce n'est point là un fait isolé. Déjà M. l'abbé
Chevalier, dans sa savante histoire de Chenonceau,
a développé la même idée et a fourni à l'appui des
renseignements curieux. Il a démontré que sur les
bords du Cher, avant la Révolution, la division des
biens atteignait parfois de telles limites que les
termes manquaient pour exprimer les contenances,
et que l'on se bornait à dire que tel lopin de terre
contenait cinq pas de large. M. Chevalier a également démontré que c'étaient de simples paysans jour-

naliers, hommes de bras, laboureurs, vignerons, ar-
tisans qui possédaient la plus grande partie des terres
dépendant de la châtellenie de Chenonceau.

Le terrier d'Oissery nous offre une situation ana-
logue. Nous trouvons des fiefs comme le fief presbytéral de Saint-Pathus, dont le domaine direct était
réduit à trente-cinq ares. Plusieurs autres, les fiefs
Escuacot, Prévallois, Maison-Neuve, Berger, Thi-
bault, Chéron, ne comptaient pas chacun un hectare
de terre et se trouvaient cependant partagés entre
plusieurs propriétaires. Comme à Chenonceau, les
paysans possédaient un grand nombre de fiefs, et
presque tous les héritages censitaires étaient entre
leurs mains. Il est bien entendu que nous laissons de
côté le clergé, dont les propriétés étaient considérables, et auquel nous avons consacré un chapitre
spécial.

La contenance des héritages censitaires de la châtellenie d'Oissery était de 510 hectares. En 1745 ces
510 hectares s'étaient divisés en 692 parcelles possé-
dées par 357 prpriétaires.

Ainsi, déjà au milieu du siècle dernier, le morcellement de la propriété était moins grand que
précédemment, puisque le nombre des propriétaires était de moitié inférieur à celui des parcelles
de terre. En 1838, au moment de la formation du plan
géométrique du cadastre, la même étendue de terre,

prise au même endroit, se divisait en 937 parcelles.
Le morcellement de la propriété s'était donc de nouveau accentué d'une façon sensible pendant la période écoulée entre 1745 et 1838. Depuis 1838, c'est
le phénomène contraire qui s'est produit, et dans
une progression des plus rapides. Ainsi, en 1875, la
matrice cadastrale ne compte plus que 194 propriétaires pour 500 hectares de terre.

Ce qui, en somme, résulte de ceci, c'est qu'au milieu du xviii° siècle, 500 hectares se trouvaient partagés entre 357 propriétaires, tandis que dans la seconde partie du xix° siècle les mêmes 500 hectares
ne comptent plus que 194 propriétaires.

Il est donc établi, au moins pour ce petit coin de
terre, étudié par nous, 1° que le morcellement des
propriétés existait avant la Révolution ; 2° qu'aujour-
d'hui ce morcellement a plutôt tendance à diminuer
qu'à augmenter. Ajoutons que sur les 357 propriétaires qui possédaient au milieu du xviii° siècle les
héritages censitaires d'Oissery, nous trouvons à peine
une dizaine de noms nobles. Presque tous les possesseurs du sol sont des paysans, laboureurs et manou-
vriers. Les classes populaires avaient donc déjà au
siècle dernier un large accès à la propriété territoriale ;
ceci nous paraît prouvé.

Peut-on encore tirer cette autre conséquence des
chiffres que nous venons de donner et dire que la

11

grande propriéte tend à se reconstituer? Nous le pensons, et, suivant nous, la reconstitution de la grande propriété provient d'une double cause. La première, c'est la création et la mise en circulation de nombreuses valeurs mobilières. L'ouvrier, qui autrefois consacrait ses économies à acheter quelques parcelles de terre, aime mieux acheter des obligations ou des actions, placement moins solide, mais d'une réalisation plus facile et d'un rendement plus grand.

La seconde cause provient de la substitution des machines aux bras de l'homme. La petite culture a fait place à la grande exploitation agricole, qui est contraire à la division du sol. Les parcelles de terre coûtent actuellement plus cher à cultiver que les champs d'une vaste étendue. La culture à bras ne peut plus lutter contre la culture mécanique. Aussi les petites pièces de terre, autrefois très-recherchées, ont beaucoup moins d'amateurs, elles sont moins demandées, et par suite on peut, sans trop de difficulté, former une propriété de quelque étendue. C'est là un fait qui nous semble certain. A l'avenir de prouver si c'est un bien ou un mal.

PIÈCES JUSTIFICATIVES

L'abbé Chevalier. — *Histoire de Chenonceau.*

Chantereau-Lefèvre. — *Traité des fiefs et de leur origine.*

La Coutume de Meaux.

FIN

TABLE

F. Aureau. — Imprimerie de Lagny.

www.ingramcontent.com/pod-product-compliance
Lightning Source LLC
Chambersburg PA
CBHW052346090426

42739CB00011B/2335